中村富士美

「おかえり」と言える、その日まで

山岳遭難捜索の現場から

新潮社

はじめに

「どうして、こんな身近な里山で大けがをするのだろう？」

東京都内でも登山スポットが多く存在するエリアの総合病院。そこで救命救急センターの看護師をしていた私は、搬送されてくる登山者を見て、ずっと不思議に思っていた。ほとんど山に登ったことのなかった私にとって〝けがをしたり、命の危険性がある山〟といえば、北アルプスやマッターホルンなどの高く、険しい山だった。プロの登山家が、エベレストを登っている最中に命を落とすといったニュースはしばしば目にしていた。けれども、地元の一般登山道で大きなけがをするだなんて……なかなかイメージがわかなかった。

山の何が危険なんだろう？

そんな疑問を持っていた２０１１年の夏のこと。私は事故などで外傷を負った人に対する救急対応についての講習会にインストラクターのひとりとして参加していた。受け持った受講生の中に、山岳救助に携わる男性がいた。

私は普段から疑問に思っていたことを聞いてみた。

「どうして、人は山でけがをするのですか？」

すると「中村さん、百聞は一見に如かずですよ。現場を見たいなら、連れていきますよ」とおっしゃるではないか。

「え？　行ってみたいです」

その一言から、私は山に導かれた。そしてそこから、いくつもの「遭難」の現場に立ち会っていくこととなる。

山岳遭難とは、山の中で生死に関わるような危難に遭遇し、自力で下山できない状況のことを言う。そのきっかけは、道迷い、滑落、転倒、けが、急激な天候の変化、雪崩など様々だ。

私が２０１８年に立ち上げた捜索団体・山岳遭難捜索チームL・i《リ》S《ス》S（Mountain Life Search and Support）は、登山中に何らかの理由で遭難をし、自身の居場所を伝えることができないまま、行方不明となってしまった遭難者（行方不明遭難者）を捜索する活動を行っている。メンバーは10人前後。私のような医療者や山のガイドなどが参加している。

私たちへの捜索依頼のほとんどは、地元の里山や低山に行ったまま帰ってこない、という事案だ。レジャーのつもりで週末に出かけただけなのに、山から帰ってこない……。そうしたケースはほぼ、ニュースにもならない。しかし、身近な山では、実際に起きている。

いつだって「えっ、たったそれだけのことで？」と思ってしまうほど、本当に小さなきっかけから遭難は起きる。

友人が撮ってきた山の風景写真を地図がわりに持って登山に行ったが、季節の変化で山の様子が変わってしまっていて、道に迷った。

風で向きが変わった道案内の看板を信じて進んでしまった。

暗くなった山中で、足を踏み外して滑った……。

そんなささいなきっかけが、行方不明遭難の第一歩となってしまうのである。

私たちの依頼主のほとんどは、彼らの帰りを待つご家族だ。

どうして連絡がつかないのか、本当に登山に行ったのか、どこかで元気に過ごしているんじゃないか……。それまで体験したことのない出来事を前に、どうしたらいいのか分からず、混乱を抱えてご家族は私たちのもとに来る。

ＬｉＳＳでは、ご家族から遭難者本人の性格や出かけた際の持ち物を聞き取り、登山の仕方や遭難者の人柄といった様々な背景をプロファイリングして、足取りをたどる。ご家族を通して遭難者本人のことを知るのである。

そのため、私たちのもうひとつの重要な役割は、途方もない苦しみの最中にいるご家族を精神的に支えることである。生存発見できるのが一番良いが、季節や捜索依頼の時期によってはその可能性は低くなる。捜索隊として、ご家族と時間を共有する私たちだからこそできる支援をしたい、と考えている。

今も、どこかの山には、家に帰れずにいる人が助けを待っている。
その人たちを迎えに行くために、私たちは今日も捜索を続ける。
その実際の様子を少しだけでも伝えたい。

装画　danny

「おかえり」と言える、その日まで　山岳遭難捜索の現場から　目次

はじめに　1

第1章　偶然の発見　13

登山経験がほとんどなかった著者が、小学生が遠足で登るような山で2人の遭難者の遺体を見つける。地元の里山で、そんなことが……。衝撃を受けた彼女は、「山岳遭難捜索」の世界へ足を踏み入れることになる。

コラム　山の看護師　29

第2章　母が帰らない　33

60代の女性がひとり埼玉県の奥秩父へ登山に出かけ、行方不明になった。登山前の行動をよく調べてみると、彼女は友人から手渡された「写真」を参考に山に入っており――。

コラム　捜索費用・保険　52

第3章　一枚の看板　54
埼玉県秩父槍ヶ岳で、男性が忽然と姿を消した。利用した登山道をプロファイリングから推定し、捜索を進める中で、ある気になる証言が。「その日、山頂を示す看板の矢印が反対側を示しているように見えた」。

コラム　帰りを待つ家族の気持ちの変化　76

第4章　捜索の空白地帯　85
神奈川県丹沢の沢登り制覇を目前に、ある男性の行方が分からなくなった。テント近くにビールも冷やしたまま、一体どこへ？　広大な範囲を捜索した末、遺体が見つかったのは「誰も見ることのない」場所だった。

第５章　目的の人だけが見つからない　102

日光で縦走に挑んだ男性が遭難した。全く足取りが掴めないまま時間だけが過ぎていく。捜索を広げていく中で同じ山で遭難していた２名を発見。そして、遭難者につながるヒントが出てくる。

コラム　遺留品　130

第６章　長いお別れ　132

新潟・群馬県境の巻機山。雪がまだ残る季節に、男性がひとり山に入って消息を断った。すぐに見つかると思われたが、２年経っても行方知れず。裁判所から、危難失踪認定を受けた２日後に、遺留品が山で発見された。

謝辞　157

「おかえり」と言える、その日まで

山岳遭難捜索の現場から

第１章　偶然の発見

正しい登山道はどれ？

山に登るようになって1年ほどが経った、２０１２年10月のある日。
「奥多摩の山で、人がいなくなったんだ」
そうメールを送ってきたのは、私を山に導いてくれた師匠である。
その時私は、全国の救急医療従事者が集う大会のスタッフとして大阪にいた。
大会が終わり、東京の自宅に戻った後、電話で話した。捜索はすでに打ち切られたの
だが……と言って彼が口にした山の名前は、地元の小学生も遠足で登る里山だった。名
前を棒《ぼう》ノ折山《おれやま》（標高９６９メートル）という。

私は週末、その山に登ってみることにした。

初めて訪れる山だったが「そんなに難しくないかな」という感触だった。

ダムの湖畔に登山口があり、そこから沢に沿って山頂を目指すコースだ。最初は水の流れる沢を数十メートル下に見ながら歩くが、登るにつれ次第に沢と登山道が合流して、やがて沢そのものが登山道になる。足元には大小様々な大きさの岩がゴロゴロと転がっており、時には沢を渡ったりもする。濡れていて、しかも不安定な岩や石も多く足元がおぼつかない。そのような登山道を登るのも、初めてだった。


後々知ることになるのだが、道迷い遭難をしやすい代表的なパターンに「登りの沢、下りの尾根」というものがある。

沢は石や岩を乗り越えたりして登ることもある。また、飛び石伝いに沢を渡りながら登ることが多く、登山道の傾斜を感じにくいのが特徴だ。そのため、道に迷ったまま沢を進んでしまうと、気が付いた頃には、自分が想像していた以上に山の深いところまで入ってしまっているというわけだ。一方、尾根は末広がりになっていくため、正しいルートから外れたまま尾根を下っていくと、自分がどこにいるのか、そしてどこに向かっているのか、分からなくなってしまうのである。

山を登り始めて1時間ほど。

私は15メートルくらいの高さの切り立った岩が両側にそびえ立つ箇所にたどり着いた。このような地形を登山用語で「ゴルジュ」という。まるで、大きな門のように、両サイドに岩が立っている。

岩と岩の間も人が通れる余裕はあるが、そこは沢の水がくるぶしくらいの深さまで勢いよく流れている。ゴルジュの先も、ずっと沢が続いているのが見える。

難しいコースに挑んでいるという意識はまったくない。だから、まさかこのまま沢の中を進むなんてことはないだろうと思った。ここは景観を楽しむスポットで、先に進むには迂回しないといけないのかな。視線を上げると、ゴルジュの手前は、左右どちらも少し傾斜がきつそうだが、なんとなく土が踏みならされた道らしきものがある。正しい登山道を指し示す標識はない。木々が生い茂り、先がどうなっているかは見えないが、どちらかを通って岩を迂回すれば、ゴルジュを抜けた先に出られるのかな、と思い、右手に進んだ。

しかし、少し歩くと先に道がないことに気づいた。「あれっ」と思い、ゴルジュの手前に戻って、今度は左手を進もうとした。すると前方からこちらに複数の登山客が戻ってくるではないか。そして「ここ、登山道ではないですよ、戻ってください」と、声をかけてくれた。

どうも、ゴルジュを回避して進もうとすると、そのまま登山道から外れ、山中へ入り込んでしまうようだった。

正しい登山道は、私が最初に選択肢から外した、岩と岩の間を流れる沢の中の飛び石を伝って進むルートだったのである。

崖にオレンジ色が

この経験を師匠に話したところ、「まだ見つけられていない人を探すため、ぜひその場所を案内してほしい!」と言われ、一緒に向かうことになった。

ゴルジュに着き、「ここで迷って、岩をよけて、左右どちらかに迂回して登ると思いました」と伝えた。

すると彼は「え?　ここ?」と首を傾げた。山に精通している人間からすると、ここ

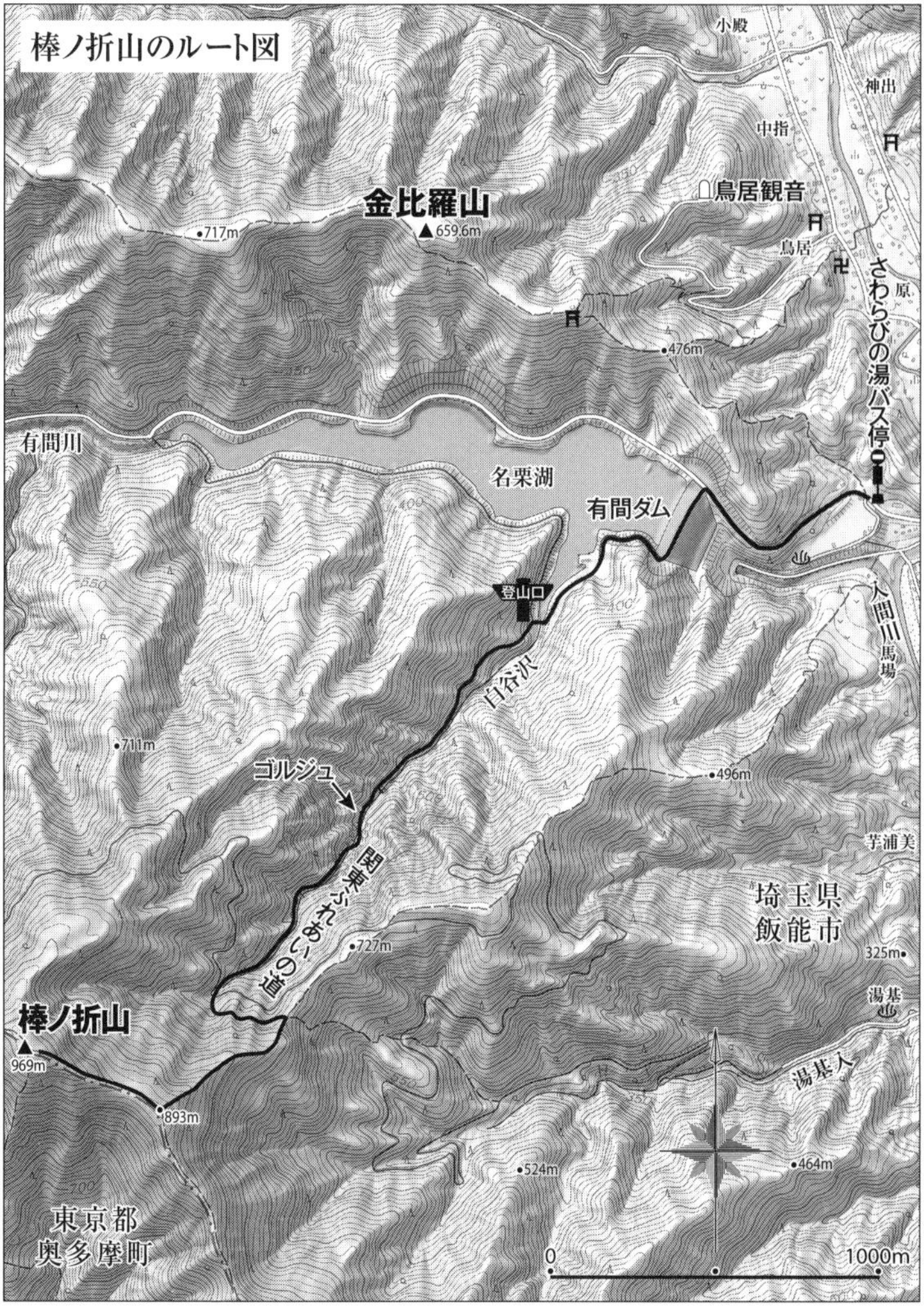
棒ノ折山のルート図
小殿
神出
中指
鳥居観音
金比羅山
659.6m
717m
鳥居
原
さわらびの湯バス停
476m
有間川
名栗湖
有間ダム
登山口
入間川馬場
白谷沢
711m
ゴルジュ
496m
関東ふれあいの道
芋浦美
埼玉県
飯能市
727m
325m
棒ノ折山
969m
湯基
湯基入
893m
524m
464m
東京都
奥多摩町
0
1000m

ではゴルジュの真ん中を通るのが当然であり、迂回するなんて思いもよらないのだそうだ。

「よく見てごらん、ゴルジュの先に階段状の岩が見えるでしょ？　あれが登山道だよ」と指摘された。よくよく目を凝らせば、確かに奥の方に手すり替わりに設置された鎖が見える。

しかし、初心者ハイカーの私はこの山を登った時、「こんな沢の中を進むなんてことはないだろう」と思ったし、同じように考えた登山客も実際にいた。遭難者につながる何かしらの手がかりがあるかもしれないと思い、師匠と共に、まずは岩の左手を奥まで進んでみることにした。

その先の道は、足元に岩がたくさん転がっていて不安定なうえ勾配もあり、とても歩きづらいものだった。私は山歩きに慣れている師匠のペースについていけなかった。

10分ほど歩いたところで、汗だくになり、私は一度立ち止まってあたりを見回した。その日の天気はとても良かったが、あたりは紅葉した木々に覆われて薄暗い。左右には、これまで見たこともないような、苔むした大きな岩壁がそびえ立っている。

その景色を見上げていると、ふと色褪《あ》せたオレンジ色の布が目に入った。

私が見ていた左手の斜面は、大きな岩の隙間からところどころ細い木がひょろりと生えている。その1本の根元に、雨具のような衣類が引っかかっていたのだ。あたり一面が苔に覆われた中で、それはとても目立っていた。その岩の先はどこにもつながっておらず、切り立った崖となっている。転落して死亡した登山者も過去にいたということを、のちに知った。

すぐに先を進んでいた師匠を呼び止めた。

どうしてあんなところに引っかかっているのだろう？　登山客の忘れ物かな？　そう話した後、師匠が斜面を登って確認すると、それは登山用の雨具だった。雨具から20～30メートル横には、デイパックも置き去りにされていた。持ち主の情報が分かるものがないか中を確認してみると、登山用品のほかに財布とキャッシュカードが出てきた。そこにある名前は、私たちが探していた方ではなかった。

丸まった雨具の方も手に取ってみる。

すると、中から腕や肩などの人骨が出てきた。

これは、ただの落とし物ではない。

この山で遭難した方のご遺体と持ち物だった。

身近な里山で、こんなことが起きるのか。予期せぬ事態に私は混乱した。

師匠は、「この山の管轄警察に、状況を説明して指示を仰ごう」と言い、すぐに電話でこれまでの経緯や確認した物について説明をした。

電話を終えると、師匠がこう私に教えてくれた。

「この人、3年前にこの山で遭難して行方不明になっていた人みたいだよ」

しばらくすると、管轄警察の山岳救助隊が私たちのところへ到着した。

私たちから改めて説明を聞いた後、彼らは遭難者のご遺体の位置や所持品などを検分し始めた。山岳遭難者が発見された場合、事故なのか、事件なのかを判断するために、警察による現場検証が必要なのである。

救助隊の人によれば、ご本人のものとみられる骨がほかの場所からも見つかったことから、おそらく動物が雨具を咥《くわ》えて移動している途中で私が見つけた木の根っこに引っかかってしまったのだろう、ということだ。

これまで、看護師として、救急の現場で10年以上も働いてきた。容体が急変した高齢者、交通事故で亡くなった高校生、親から虐待を受けた幼い子供、自殺……様々な形の死を目の当たりにしてきていた。

しかし、死後3年も経った方のご遺体を見るのは、この時が初めてだった。ましてや、初心者コースにも紹介されるような山の中で、だ。

登山道からほんのわずか外れた場所……そんなところで3年もの間、たったひとりで見つけてもらうのを待っていたのかと想像したら涙が止まらなかった。

そんな私に師匠は声をかけてくれた。

「見て、この景色。ここで亡くなった人が最後に見た景色だよ。この景色を自分たちが忘れないでいることが、見知らぬ方への供養になると思うよ」

その言葉で私は顔を上げて周りの景色を眺めた。山間《やまあい》から遠くには街並みが見え、辺りは木々が生い茂り、人間の力ではびくともしない岩塊が、自然の力強さを感じさせる場所だった。

どんな気持ちでこの山を選んだのだろうか、どんな気持ちでこの山に入ったのだろうか、遭難した時、何を思ったのだろうか、ようやく自宅へ戻ることができて、安心されただろうか。

数日後、私はお花とお線香を手向けるため、再びこの現場を訪れた。

それから数ヶ月後、私たちが見つけたご遺体と、所持品にあったキャッシュカードの名義の方のDNA型が一致したとの報告を受けた。

同じ山で新たな遭難者

半年後、同じ山で再び行方不明者が出たと報道で知った。

地元山岳救助隊によって捜索活動が行われたが、遭難者の発見には至らず、捜索は1週間後に打ち切られたという。

私は、この行方不明者のことがどうしても気がかりだった。

あの山で遭難するとしたら、あのゴルジュしかない。私たちが前回、遭難者を発見したことで、左手には立入禁止のロープが張られるようになった。もしかしたら、今回の人は私が登った時と同じく、右手にそのまま進んでしまったのではないだろうか？

後日、師匠に再び、「どうしても気になるところがあるから、一緒に行ってみてほしい」とお願いして、この山を訪れた。

ゴルジュに着き、右手の岩の少し手前を登ると、土にうっすらと人が歩いたような痕跡があった。恐らく何人かの登山者が、やはり私と同じように道を間違えたのだろう。

私たちは、さらに先をたどることにした。

上へ進んでいくと、小さな沢地形から勾配が急な尾根へと変わる。その尾根に沿ってさらに進むと、車も通る林道にぶつかった。ここまで出れば、あとはそのまま林道を下り、人里に出られる。

「このルートでは迷っていないのかもしれないね」と話しながら、私たちはゴルジュへ戻った。

しかし、私には、「このルート上に、何人かの人が迷い込んでいることは間違いない」

という妙な確信があった。

登山経験が豊かな師匠と一緒だったから、私は急な尾根を林道まで登れた。しかし、いつも登山道しか使わない人が、登山道のない急な斜面をしかもひとりで登り切れるだろうか？

私たちはゴルジュから尾根沿いを忠実に進んで林道までたどり着いたが、もしその途中で違う道を選択していたらどこへ行くのだろうか？

地形図を見ながら師匠と検討してみた。

一般的に、登山の途中で「道に迷ったかな？」と思って引き返そうとした時、実は下りることも難しいくらいの高さまで登ってしまっていることがよくある。振り返って自分が登ってきた道を見てみると、想像している以上に急勾配なのだ。そして山は、登るより下る方が難しい。足を滑らせたり、転倒したりする危険性が高いからだ。

登ることも、下ることもできない。そうなると、人間はどうするか。

そう、そのまま歩けるところを進もうとし、横への移動を始めるのだ。

沢沿いの登山道へゴルジュを避けて戻ろうとしたら、どこにたどり着くのか。地形図を確認すると、私たちが登った尾根の途中の地点から左へ左へ進むと、急峻な谷と、岩肌の尾根（岩稜帯）にぶつかることが分かった。とても複雑な地形で、谷と岩壁が折り重なるように連なっている。

私たちは、その谷のどこかに今回の遭難者がいるのではないかと考えた。そこで谷を順番に見ていくことにした。一番手前の谷は、登山道に面している。まずは、ゴルジュを越えた箇所からこの谷を登り始めた。

茂った草木をかき分けて登るとすぐに、斜面に飴が散らばっていた。

「なぜ、登山道を外れたこんなところに飴が落ちているのだろう？」

目の前には大きな1本の倒木が、谷を登る私たちを阻むように横倒れになっている。直径50センチ、長さは20～30メートルはあるだろうか。その倒木に、何か大きな物が引っかかっていた。

私は「あの倒木に何か引っかかっている」と伝えた。師匠がすぐに倒木のところまで登って行き、それが登山者のリュックサックであることが分かった。

リュックサックが引っかかっていた倒木を越えてさらに5メートルほど登ると、もう

1本、先ほどと同じくらいの大きさの倒木があった。そして、白骨化したご遺体が、その倒木と地面の間に挟まるような形で見つかった。

私たちはすぐに、110番通報をし、管轄警察の山岳救助隊の到着を待った。

当時、山岳救助隊副隊長だったIさんは到着すると、私に向かい「君か！　半年前もこの山で行方不明者を見つけた人は！　会いたかったよ！」と、山全体に響くような大きな声で言った。

Iさんによると、この方は遭難当時、自ら救助要請の電話をしてきていたそうだ。「道に迷って、木に挟まって動けない」と言っていたという。おそらく、尾根の途中で横へ移動し始めたとみられる。周囲の草が高く視界が悪かったために、その先に谷があることに気づけず進んでしまったのだろう。足を滑らせ谷を転がり落ち、途中に横たわっていた倒木に下半身が挟まってしまったと思われる。しかし、捜索隊が場所の特定をすることは残念ながらできなかった。

遭難者がいた場所は、登山道から直線距離で言えば十数メートルしか離れていない。おそらく、ここからなら眼下の登山道を人が歩いているのが見えたはずだ。

しかし、登山道のすぐ左側には沢が流れている。遭難者がいたのは、登山道から見たら右上。登山者の目が行きやすい沢とは反対側だ。そもそも登山者の多くは、転んだりしないよう足元ばかり見ている。また、この地点にはルート名所の滝があるため、多くの登山者はそちらに目が向いていただろう。滝とは反対側にいた遭難者の姿に気づくことは難しい。遭難者が助けを求めて声をあげても、滝や沢の音でかき消されてしまい、登山者には届かなかったであろうことも想像できた。

白骨化して発見されるまで、どんな気持ちで救助を待っていたのだろう……。

それまでも山岳遭難のニュースを度々目にすることはあったが、どこか遠くの山でのことだと勝手に思い込んでいた。

しかし、私は登山を始めて2年足らずで、期せずして2件の遭難の現場に立ち会うことになった。このことをIさんが「中村さんという人がいてね……」と周囲に話したらしい。民間の山岳遭難捜索団体から、「捜索を手伝ってほしい」というお誘いを受けるようになり、ある団体に所属することになった。

こうして市立病院の一看護師だった私は、それまで全く縁もゆかりもなかった山岳遭難捜索の世界に入っていくこととなる。

コラム　山の看護師

私が漠然と医療の世界を志したのは、小学校4年生の頃だ。テレビでベトナム戦争のドキュメンタリーが流れていたのを偶然見たのがきっかけである。1978年生まれの私は、戦争についてリアルには何も知らなかった。教科書で習うような、爆弾が落とされたり、銃で攻撃し合うくらいのイメージしかなかったが、そのドキュメンタリーでは、戦地でけがをした人々を助ける医療者たちが映し出されていた。戦争という大きな出来事の裏には必ず、傷ついた人々の回復を手助けする人がいる。そんな事実を初めて知った瞬間だった。そして、「私もこういうことをやりたい」と思った。

どうしてそう感じたのか、理由は今でも分からない。しかし、この思いは「医療者として、傷ついた人の身近でケアに携わる存在になりたい」という形になり、「看護師になる」という夢へと具体化していった。そして、看護学校を無事に卒業し、病院で働き始めたのである。

「国境なき医師団」などのように、紛争地での医療に携わりたいとずっと思ってはいたが、英語が全くできないのと、結婚し、24歳と28歳で出産をしたため、海外に行くという夢はあきらめた。

看護師にとって、30歳というのはひとつの節目、これからのことを考えるタイミングなのではないか、と思う。

看護学校を卒業し、現場で10年ほどの経験を積んで、体力もある。専門性を身につけるために学校に通ったり、別の病院へ転職したりすることを考える人が多いように感じる。私自身、救命救急センターで様々な患者さんを看ながら、頭の中では「20代は子育てとの両立だったたな。これからどうしようか」と思いを巡らせた。

脳裏に浮かんだのは、小学生の頃に見た、あのベトナム戦争のドキュメンタリーである。子供がいるから海外には行けないけれど、何か日本でできることはないか。「病院の外で、看護師として何か役に立てないか」と考えた。

まず考えたのは、その頃、医療現場で活用され始めたドクターヘリに乗る「フライトナース」だ。しかし、当時、東京にはドクターヘリは導入されていなかった（2

022年3月31日から東京でも運用が開始された)。フライトナースになるには、他県に引っ越ししなければならず、それは現実的ではないな、と断念した。

それでも、「私は、病院内での医療しか知らない。病院の外では、どういったことが必要になるのか知ろう」と決意し、JPTEC(Japan Prehospital Trauma Evaluation and Care)のインストラクターの資格を取った。JPTECとは、外傷を負った人を病院に搬送する前に状態を観察し、どういった医療が必要かを判断する指針だ。交通事故などで重傷を負った場合、60分以内に手術などの処置を受けられるかどうかが、生死を大きく分ける。この60分をゴールデンアワーとも言い、即座の判断や処置が必要となる。救命救急センターで事故などで外傷を受けた患者を多数看ていたため、「外傷について、より勉強したい」という思いがあって、資格を取ろうと思ったのだが、その講習会が「はじめに」で書いた通り、山岳救助に携わる「山の師匠」との出会いにつながったのである。

その後、国際山岳看護師(D・i・M・M:Diploma in Mountain Medicine)の資格も取った。1年通しての座学講習と、夏と冬の季節に実際に山で行われる実技試験をパスすれば、取得できる。2022年5月時点で、国内では24人が認定されている。

国際山岳看護師の実技試験では、山と山岳医療についての知識・技術・判断力を評価される。

山岳医療についての知識・技術・判断力とは、主に「山という環境因子を考慮し、傷病者にとって適切な処置などを判断できるか」ということだ。例えば、落石によって肋骨を折ってしまい呼吸がうまくできない状態の登山者がいるとする。病院ならば、呼吸の状態を判断し、呼吸を助けるための処置が行われる。しかし、山の中でそういった医療処置を行うことは難しい。また、日没が近ければ、移動を最優先しなければならない場合もある。このような状況で的確な判断ができるかどうかを審査される。

他にも、夏の実技では沢登りやクライミングのテクニック、またパーティーで登る場合にリーダーを務められるだけの判断力や技術があるかの確認、冬は雪のついた岩稜帯や氷壁を登る技術に加え、雪崩が起きた場合はどう動くか、などを評価される。私は２０１７年６月に国際山岳看護師に認定された。

第2章　母が帰らない

土砂降りの山

2017年7月6日。

その山には、バケツをひっくり返したような大雨が降っていた。

60代の女性Yさんはひとり、1泊2日の予定で奥秩父の山へ出かけた。

このエリアには百名山に選出されている名峰がいくつもある。Yさんが目指したのは、その中ではあまり登山客が訪れず、ひっそりと佇む静かな山だ。名前は飛龍山《ひりゅうやま》（標高2077メートル）という。

宿泊した山小屋にはYさんの登山計画書が残されていた。

飛龍山を最終ゴールに据え、その前に竜喰山《りゅうばみやま》（標高2011メートル）、大常木山《おおつねぎやま》（標高1962メートル）という隣接する山の頂を踏むという縦走ルート。予定では、その日のうちに下山することになっていた。

Yさんは、夫と3人の子供を持つ母でもある。

帰宅する予定の翌日の夜になっても家に戻らず、連絡もないことに不安を覚え、ご家族はYさんの携帯電話を鳴らしてみたり、普段一緒に登っている登山仲間に連絡を取ってみたりした。

しかし、Yさんからの返事はなく、登山仲間にも手がかりはない。どこにいるのか全く分からなかった。

「山で遭難したのかもしれない」

まさかと思いながら、ご家族はその夜のうちに、警察へ届け出た。

翌日から、警察などの公的機関による地上隊とヘリコプターによる捜索が行われた。

3日間ほど懸命な捜索が行われたにもかかわらず、Yさんの行方は杳《よう》として知れない。

捜索打ち切りが決まった夜、第1章でも紹介した山岳救助隊副隊長のIさんから、当

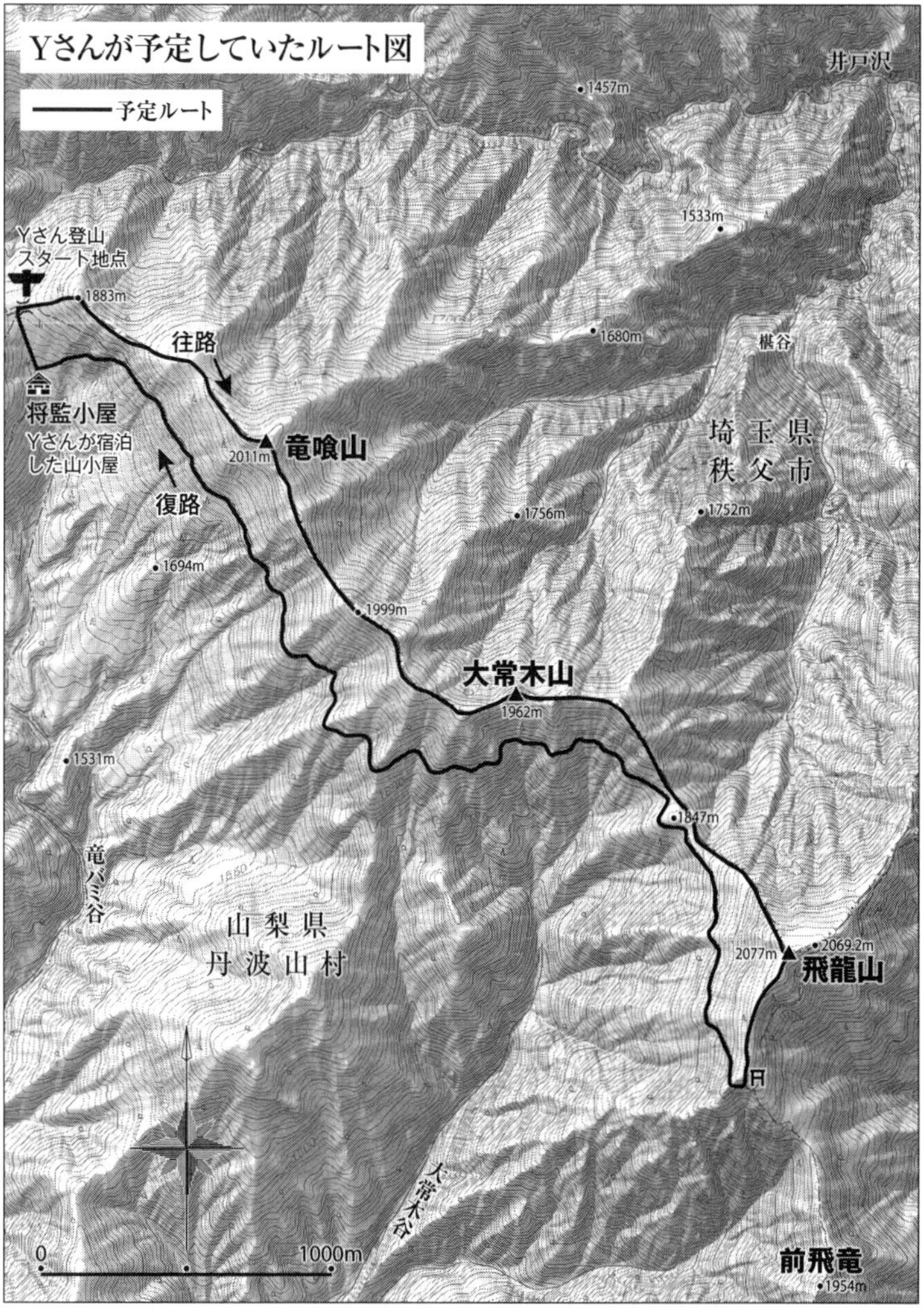
Yさんが予定していたルート図
予定ルート
井戸沢
1457m
1533m
Yさん登山
スタート地点
1883m
往路
1680m
槇谷
将監小屋
Yさんが宿泊
した山小屋
竜喰山
2011m
埼玉県
秩父市
復路
1756m
1752m
1694m
1999m
大常木山
1962m
1531m
1847m
竜バミ谷
山梨県
丹波山村
2069.2m
2077m
飛龍山
大常木谷
0
1000m
前飛竜
1954m

時、ある民間捜索団体に所属していた私に連絡が入った。「この地域で行方不明遭難が発生している。協力してもらえないか?」という内容だった。私は団体の捜索隊長へ報告し、捜索依頼を引き受けた。

帰りを待つ夫と息子たち

すぐに私たち捜索隊は装備を整え、現地へ向かった。

Yさんのご家族と、地元消防団の団長が、山梨県側の登山道につながる林道の入り口で待っていてくれた。

林道の終点には山小屋がある。Yさんが1日目の登山を終えて宿泊したのも、この小屋だ。捜索に入っている日中は、この小屋が私たち民間捜索隊と、Yさんご家族の滞在場所となった。捜索が行われている間、団長は毎日、ご家族が宿泊している民宿から捜索の起点となる山小屋までご家族と私たち捜索隊員を送迎してくれた。

70代のご主人、40代から30代の息子さん3人は、現地の民宿に泊まりこんで捜索を見守っていた。時には息子さんたちができる範囲で捜索を行っているという。

Yさんのご家族は、ほとんど登山経験がない。それでも、未だ見つからない母を探そうと、登山靴を購入し、日々独自の捜索活動を行っていたのである。日中は長男が民宿に残り、次男と三男が山に入って、無線でやりとりをしていた。

遭難者のご家族が捜索への参加を希望することは珍しくない。自宅でじっと待っている辛さに耐えられない、一刻も早く家族を見つけたいという切実な想いが、ご家族を現場へ向かわせるのだ。捜索に参加することがご家族の精神的安定につながることは確かだ。しかし、二次遭難の危険性は否定できない。あとで聞いた話だが、Yさんの次男と三男が捜索の最中に登山道から外れてだんだん元の登山道の場所を見失ってしまったこともあったという。ご家族の二次遭難を防ぐため、どの時点で「捜索は私たちに任せてください」と申し出るかも、捜索隊に求められる判断のひとつである。

ご主人は、民宿から山小屋に着くと、まずYさんの名前を大声で呼ぶのが日課になった。その声は山びことなって、捜索中の私たちの耳にも届いた。妻の安否が心配で仕方がないだろうに、「体力的に、山を歩くことはできないから」と捜索隊員に気を遣ってくれ、捜索から戻ると冷やしたオロナミンCを毎回差し入れてくれた。

どうして、このルートを？

捜索チームは、まずYさんの登山予定ルートを実際に歩いて検証し、道に迷いそうなポイントや滑落危険箇所の目星をつけた。

彼女の足跡をたどりながら、私には、どうしても腑に落ちない点があった。

なぜ、Yさんはこのルートを選んだのか？

このルートは、少し特殊だ。

登山地図に実線で示される「一般登山道」ではないのだ。整備されていないため、登るにはコンパスやGPSといった装備と、それらを利用して地図や山の地形を読む高度な技術、そして人の手の入っていない山の中を歩くための、かなりの登山経験を必要とする。いわば「上級者向け」である。

ご家族によると、Yさんはいつも仲間たちとガイドツアーを利用して登山をしていたという。ひとりで山に入るのは、おそらく初めてかせいぜい数回目だと思われた。このルートを選ぶのには、力不足だと言わざるを得ないだろう。

ルートの入り口自体は、一般登山道沿いにある。右手に伸びる山道を進めば、飛龍山へまっすぐに通じる。そして、左手に進むとYさんが取ったルートになる。

ここは山の裾野だ。辺りには木が生え、足元一面に笹が生い茂る。登山道も、整備されているとはいえ、実際は登山客たちが長年踏みならしたため、そこだけ草が生えずにうっすらと土が見えて「あぁ、これが登山道かな」と判断できる程度だ。

周囲に広がる木のうちの1本に、古い赤いテープが巻かれている。これが、一応ルートの分岐の目印となっている。目立つ看板が立っているわけでもなく、何本も生えている木のうちの1本に、ただテープが巻かれているだけ。テープそのものも色が褪せ、木肌とあまり区別がつかない。目印というには小さすぎる。捜索に入った当初、私も、この赤いテープの存在を見逃してルートの入り口が分からなかった。

果たしてYさんが、この目印に気づけたのだろうか。それとも、Yさんは以前にもこのルートを登ったことがあり、覚えていたのだろうか。

それが一番の疑問だった。

Yさんのことを、もっと詳しく知りたい。

そう思った私たちは、いつもYさんと一緒に登っている友人に話を伺えないか、ご家族を介してお願いをした。

写真から分かったこと

Yさんの登山仲間数名と連絡が取れた。数日後、現地へ来てくれ、これまでのYさんの登山スタイルや、今回このルートを選んだ理由などを聞くことができた。

それで分かったのは、今回、Yさんがたどったルートは、登山仲間たちがその年の春に登ったものであり、その時のルートについてまとめた資料を、参考としてYさんに渡していたということだった。

その資料を見て、私の疑問が氷解した。

そこには、ルートの要所要所の写真と、簡単な説明文が載っていた。これと照らし合わせれば、私が最初見つけられなかったルートの入り口の赤いテープも、簡単に見つけられただろう。

一方で、大きな問題点があった。

登山道の入り口。手前真ん中あたりは土が見える。
その先はうっすらとルートが二股に分かれているのが分かる程度だ

それは、この資料の写真は春に撮られたものだということだ。

Yさんが登ったのは夏。当然、山の中の植物は成長し、ルートの風景は大きく変わっている。

中でも一ヶ所、とくに気になるポイントがあった。

竜喰山の山頂には足元に「竜喰山　2011m」という山頂の標高を示す看板が置かれている。

春に仲間が撮った資料写真では、その看板の周辺にはまだ草は生えておらず、うっすらとだが登山道も見て取れる。だが、Yさんが登った夏の時期には、大人の膝下くらいの高さまで草が生い茂っていた。それは、山頂から次の目的地へ向かう登山道が分かりにくい、ということを意味する。

Yさんの次の目的地、大常木山へ通じるルートへ進むには、山頂で看板の前に立ち、直角に右に曲がるように進まなければならない。

しかし実際にその位置に立つと、地面に置かれた看板を越えて左手奥、11時の方向に

足元に置かれた山頂を示す看板

うっすらと獣道ができているのが分かる。

その先には、沢がある。夏になるとヤマメなどを狙う熟練の釣り師が多く訪れる。もともと登山客が少ない山のため、釣り師が山頂から沢に向かって歩く道だけ草が踏まれ、正しい登山ルートのように見えるのである。

天気が良ければ、山頂から飛龍山まで伸びる稜線が見えたはずだ。しかし、Yさんが登った日は雨で霧が立ち込め、稜線は見えない。コンパスやGPSを持っていたら、釣り師が歩くこの道が登山ルートではないことは容易に分かるはず。でも、仲間から受け取った写真だけを参考に登山をしていたら……。資料には、山頂の写真は載っていたが、その次の写真は山頂を越えた、さらにその先の稜線の様子のものだった。仲間たちが登った春の段階では山頂には道に迷うような危険性があるとは思ってもみなかっただろう。

さらに、Yさんが登った日は土砂降りだった。おそらく雨具のフードを深くかぶっていただろう。当然、左右の視野は狭められ、しっかりと見回さないと、正しい登山道を見ることはできなかったはずだ。

私は「Yさんは、竜喰山山頂から沢に向かう道に間違えて入って遭難したのだ」と確信した。

遭難には性格が影響する

道迷い遭難の場合は特に、遭難者の性格が反映される。

Yさんの息子さんたちに「お母さんはイケイケなほうか、慎重なほうか？」という質問をした。答えは「イケイケなほうですね」とのことだった。

例えば、慎重な性格の登山者だったら、途中で元来た道を戻ろうとし、その最中に足を滑らせ滑落するというケースも考えられる。では、Yさんの場合は、間違ったルートに入ってしまった時、どう考えどう行動したのだろうか……。「前に進めばとりあえず下山できる」と考えたのではないだろうか。

もしくは、途中で戻りたくても、引き返せなくなったのかもしれない。Yさんが歩いたと思われるルートには、四つん這いにならないと降りられないほどの急斜面もある。「これ以上は行けない」と思って振り返ったとしても、疲労が溜まった中で、もう一度そんな急な斜面を登ろうという気力が残っていたかどうか。

捜索場所を変更

釣り師が使うルート上でYさんが道迷いをしているとしたら、私たちの捜索の計画も大きく変更する必要がある。

それまで私たちは、登山道から滑落しそうな場所を、実際に下に降りて捜索していた。というのも、ちょうど捜索を開始したところに偶然、「沢の方に3日間ほど行く」という釣り師の方と遭遇し、「もし、行かれる先に遭難者がいたら、通報してください」とお願いしていたからだ。山岳遭難捜索は、時間との闘いでもある。さらに、捜索すべき範囲も広い。時には、一般の方に声を掛け、力を貸してもらうこともある。釣り師のルートは一応手を打てたので、登山道からの滑落に絞って、捜索を続けた。

今、私たちは登山道のある山梨県側を拠点にしているが、釣り師のルートを捜索するならば、埼玉県側から入山し本流の沢沿いに登っていった方がいい。山の中をいくつも流れる「枝沢」は、最終的に1本の「本流」に合流する。つまり、Yさんの持ち物が、どこかの枝沢から流されたとしても、本流をたどれば、そのどこかで見つけることができるかもしれないからだ。本流で見つけられたら、枝沢をひとつひとつ調べていけばいい。ただし、沢がある場所は山深く、一度入ったら日帰りはできないだろう。テントも必須だし、ロープやヘルメットなどの登攀《とうはん》用具、滑りやすい沢に適した、ソールがフェルトやウール、ラバーになっている靴といった装備も必要になる。捜索の計画の練り直しを捜索隊の中で相談していた。

そこへ一本の連絡が入った。

Yさんらしきご遺体が、沢の中で、うつぶせになっている状態で発見されたのである。

見つけたのは、私たちが通報をお願いした方ではなかったが、やはり沢に来ていた釣り師の方だった。

Yさんが見つかった沢までは、竜喰山の山頂から歩いて3〜4時間はかかる。しかも、山頂からはどの方角に下っても急峻な尾根となる。釣り師たちは沢まで降りられる安全なルートに精通しているが、Yさんは地図を持っていなかった。おそらく、迷い込んでしまった尾根の先がどんな地形になっているのか知らなかったはずだ。歩けそうなところを選び、尾根を下り続けたのだろう。あと少しで下りきるところまではたどり着けたが、そこで50メートルほどの高さの崖から沢に落ちてしまったと思われた。

帰る人を一緒に待つ

現地で捜索を見守っている家族は、気を紛らわせることも難しい。Yさんのご家族が現地に到着してからすでに10日以上が経っていた。彼らの疲労もピークに達しようとしていた。

翌朝4時、我々捜索隊は、管轄警察と山梨県側の登山口で待ち合わせをした。埼玉県側から入って沢を越えて発見現場に行くよりも、山梨県側から向かった方が安全で早いという判断だった。

待ち合わせ場所の近くには、Yさんのご家族が滞在する民宿がある。早朝から警察車両が山に到着し、その物々しい雰囲気から、ご家族はすでに事態を察していた。

警察の山岳救助隊が、Yさんらしいご遺体が見つかったこと、これから救助に向かうこと、現場から戻るのは明日になるかもしれないことを説明する。

「今すぐに母の元へ行きたい！　連れて行ってください！」

涙を流しながら訴えていたのは、Yさんの三男だった。そんな彼に、地元消防団の団長が言葉をかける。

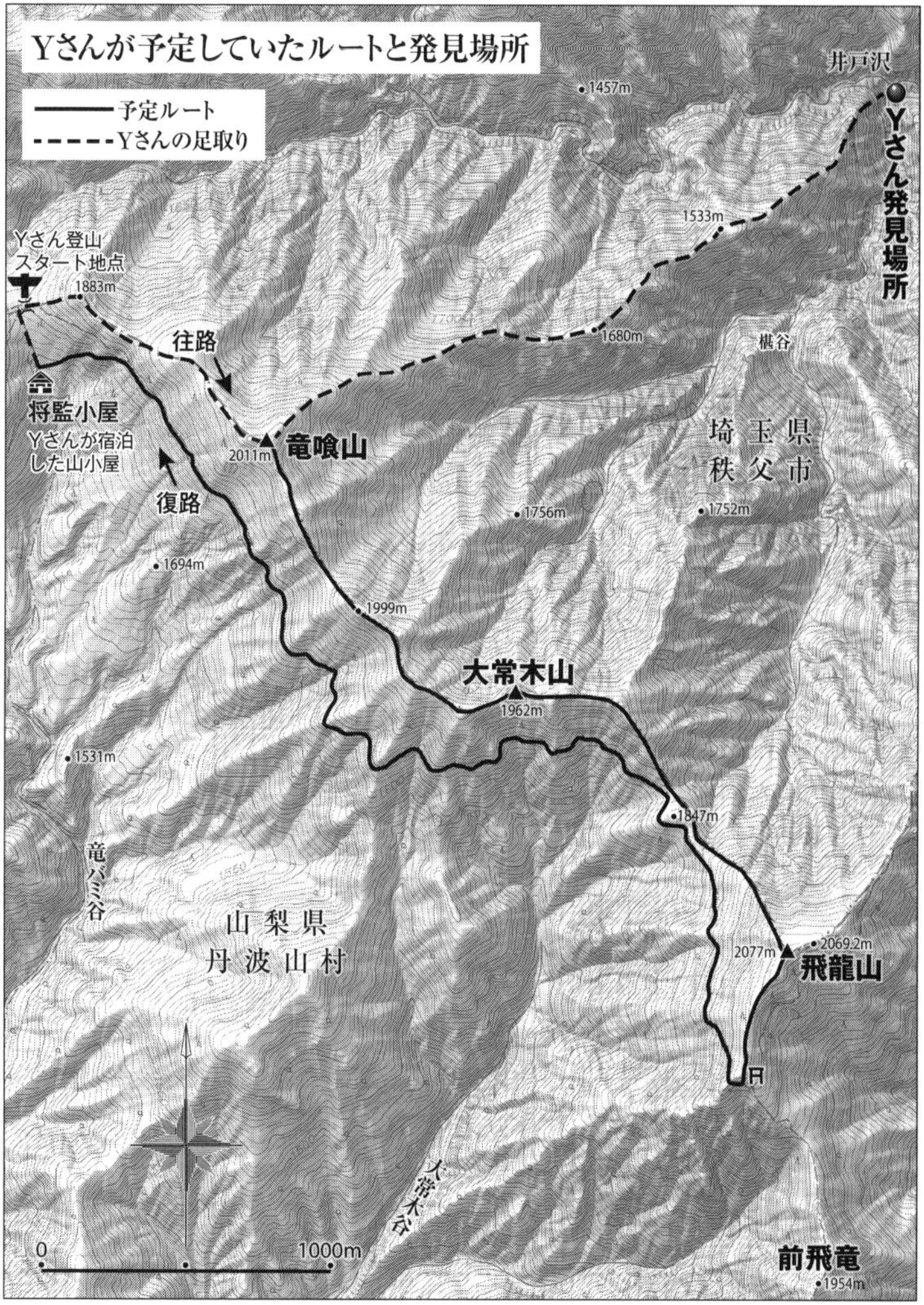
Yさんが予定していたルートと発見場所
予定ルート
Yさんの足取り
井戸沢
Yさん発見場所
1457m
1533m
1680m
椹谷
Yさん登山
スタート地点
1883m
往路
将監小屋
Yさんが宿泊
した山小屋
2011m
竜喰山
埼玉県
秩父市
復路
1756m
1752m
1694m
1999m
大常木山
1962m
1531m
1847m
竜バミ谷
山梨県
丹波山村
2069.2m
2077m
飛龍山
大常木谷
0
1000m
前飛竜
1954m

「お母さんの元へ行きたい気持ちはよく分かる。けど現場までは足場も悪く、君を危険な目に遭わせたくない。お父さんをこれ以上悲しませてはいけない。辛いけど、ここは警察に任せてお母さんが帰ってくるのを待とう。自分もここで一緒に待つから……」

こんなにも自分に真剣に向き合ってくれる人、私にはいるだろうか……。

いや、私は救助を待つご家族に、どのくらい真剣に向き合えているだろうか。

Yさんのことを知りたいと思い、色々と話は伺っていたものの、ご家族の不安にもちゃんと寄り添えていたと胸を張って言えるだろうか。

そこから、私の人生で最も長い一日が始まった。

私は、ご家族と共にYさんの帰りを待つことにした。

この日、都心では猛暑を記録していたが、標高の高いこの地は涼しく過ごしやすかった。しかし、ご家族はやはり気持ちが落ち着かず、息子さんのひとりは、横になったかと思うと、すぐに起き上がり……ということを数回繰り返していた。

民宿の方が、お昼に素麺を提供してくださった。

Yさんのご家族は、みんな、ひと口ふた口だけ食べて、箸を置く。

少しでも元気づけようと、地元消防団の団長が「麺つゆに生卵を割って入れて食べると、おいしいですよ」と教えてくれた。今でも素麺を食べる時には、この時の情景を思い出す。

前日から、私たち捜索隊の隊長と、隊員1名が山小屋に泊まっていた。そのため、この日に入山した警察よりも一足早く現場に赴くことができ、現場周辺の風景などの写真を撮って、下山してきた。その中の1枚にリュックが写っていた。息子さんのひとりがそれを見て、こう言った。

「このお守りは、お母さんのだ」

お守りがご家族のもとに導いてくれたのだろうか。

翌日、Yさんは管轄警察のヘリコプターと搬送車を乗り継ぎ、警察署へ移送された後、ご自宅に戻られた。

コラム　捜索費用・保険

捜索費用は捜索団体によって異なるようだが、ＬｉＳＳの場合、捜索隊員１人当たりの日当と食費、交通費、宿泊費をいただいている。

捜索地が険しい山域の場合、捜索するために道具や高い登山技術が必要となってくる。その場合、現場に投入できる隊員も限られる。そうした事情から山域によって変動はあるが、隊員１人当たりの日当は３～５万円ほどとなる。捜索は基本的に２人１組で行うため、最低でも３万円×２人分。これに交通費などの実費が加わるので、家族にとっては大きな負担であることは間違いない。

よく「遭難するような山には行かないから」「山に慣れている人と一緒に登るから」「ハイキングレベルだから」といって山岳保険に入らない人がいる。

しかし私は「遭難の可能性がない山はない」と言いたい。どんな山にも危険はある。昨今のコロナ禍の影響もあり山岳遭難は一時的に減少したが、全体的には年々増加の一途をたどっている。

警察庁の調べによると、2021年は2635件発生しており、遭難者は3075名。死者は255名、行方不明者は28名となっている。

遭難の原因のトップは「道迷い」が圧倒的に多く1277名、遭難全体の41・5%を占める。その次に転倒、滑落と続く。もちろん、病気や疲労、そして天候の悪化なども原因になりうる。

また、最近の山岳保険には、私たちのような民間捜索団体による捜索費用の補塡はもちろん、持ち物の破損や、自分が起こしてしまった落石で周囲の人にけがを負わせてしまった場合などもカバーしてくれる賠償責任特約がついているものもある。

同様に、登山に行く際には「自分がどのルートで、どの山を登るか」の情報を必ずどこかに残してほしい。一番いいのは登山届の提出だが、メモでも家族に伝えておくのでもいい。ルートが分からない場合、捜索範囲が広大になり捜索時間も長引く。当然、費用も嵩《かさ》むことになり、家族に大きな負担をかけてしまうからだ。

第3章　一枚の看板

遭難者を探し、家族を支える

それまで所属していた民間捜索団体から独立し、２０１８年1月に立ち上げた山岳遭難捜索チームＬｉＳＳは「はじめに」でも触れたとおり、「Mountain Life Search and Support」から取った団体名だ。

私は、遭難者、そして遭難者のご家族、どの人に対しても、「目の前の命に全力で向き合う」という信念を持っている。

山岳遭難捜索の世界では、「まだ生きている遭難者の命を優先する」という考えを持っている人も多い。民間捜索団体の一番の存在意義は「遭難者の捜索・発見」であることは間違いない。しかし、捜索隊の一員として現場でいろいろな場面を見るうちに、「山で遭難した登山者のご家族はどんな思いで帰りを待っているのだろう。ご家族を支援しサポートする人はいるのだろうか」ということが気になりだした。

そして、第2章で紹介したYさんの捜索現場では「もしかしたら、支援が必要なのは、帰りを待つご家族なのではないか」「山での遭難捜索の現場を熟知した人間が、ご家族と一緒に遭難者の帰りを待ち、時間を共有する。それによって、ご家族の不安が少しでも和らぐ。これも民間捜索団体に求められることだ」と思い至った。

遭難者の捜索と家族支援・サポート。この2つを柱にした捜索団体を立ち上げよう。そう思ったのが2017年の秋だった。そこから準備をはじめ、18年1月、創設に漕ぎつけた。

一応ウェブサイトも作ったものの、「年に1〜2件、依頼が来るくらいかな」と思っていた。ところが3月には最初の依頼を受け、18年は5件、19年は13件、20年4件、そして21年は7件の捜索依頼を受けた。

次に紹介するのは、山岳遭難捜索チームL・iSSを立ち上げたばかりの2018年に引き受けた捜索だ。

残されていた地形図

真面目な性格で、仕事も無遅刻無欠勤だった60代の男性Mさんが、２０１８年３月のある月曜日に無断欠勤した。

Mさんは、都内在住。同居していた両親はすでに他界し、一人暮らしだった。連絡も入れずに会社を休んだことを不審に思った社長が、地方に住む兄妹へ連絡した。兄妹がMさんの住むアパートを訪問したところ、プリンターの上にプリントアウトされた列車の乗換案内やバス時刻表等と共に一枚の地形図が残されていた。埼玉県の群馬県寄りに位置する秩父槍ヶ岳（標高１３４１メートル）のものだった。その名の通り、槍のように切り立つ急峻な峰や断崖絶壁が多いのが特徴の山である。地形図には、Mさんが登ろうとしたとみられるルートも書き加えられていた。

携帯電話へ連絡してもつながらない。兄妹は「この山で遭難したのかもしれない」と考え、捜索願を提出した。この時点で、Mさんが山に入ったとみられる３月18日から２日が経過していた。

翌21日から、管轄警察と地元の有志による捜索活動が始まる。

捜索初日、季節外れの低気圧の影響を受け、秩父は朝から春の大雪となった。みるみるうちに雪が積もり、捜索活動は困難を極めた。天候の回復と雪が融けるのを待ち、捜索活動を再開できるようになるまでに、10日も掛かってしまった。遺留品すら見つからず、Mさんが行方不明になって21日後の4月7日、捜索は打ち切られることになった。

ご家族から私たちへ捜索依頼が入ったのは、捜索終了の翌日のことである。

遭難者のプロファイリング

私は捜索依頼を受けたら「遭難者のプロファイリング」を行う。まずご家族に話を聞きながらメモを書く。一言一句、語尾やニュアンスも聞き漏らさないように集中して聞くようにしている。遭難発覚からすぐのタイミングでは、冷静に順序立てて話すことが難しい場合もある。私は聞き取った話をメモに書き留め、まとめ直して隊員と共有する。

ご家族に必ず聞くのは、遭難者の名前、年齢、何年くらい山登りをしているのか、これまでどういった山に登ったことがあるのか、性格や職業、登山以外の趣味である。普段の癖や山に行く前にどういった会話をしたか、なども聞く。例えば「いつも、下山したところでメールを送ってくれるのに、昨日は届かなかったです」と聞けば、「山の中で何かトラブルがあって、下山できていないのだな」と推測できる。何が捜索のヒントになるか分からないので、ご家族が話せることから少しずつ話を広げていき、できるだけ多くの情報を教えてもらうようにする。

中でも私が最も気を付けているのは「自分の先入観を、家族の言葉に付け加えない」ことである。例えば、ご家族が「道に迷ったのかもしれない」と言ったら、その通りに書く。ここで「道に迷ったと思われる」と書き換えてしまうと、遭難者が道迷いをしたことが確度の高い情報と読み取れてしまい、捜索範囲の選択肢を狭めることにつながってしまうからだ。

もちろん一度だけの聞き取りではすべての疑問を解消できないし、ご家族の方も、初対面の人間に全てを話せるわけではない。何度もやりとりをして信頼関係を築いたからこそ、ぼそっと漏らしてくれた一言が大きなヒントとなることも多い。そのため、聞き

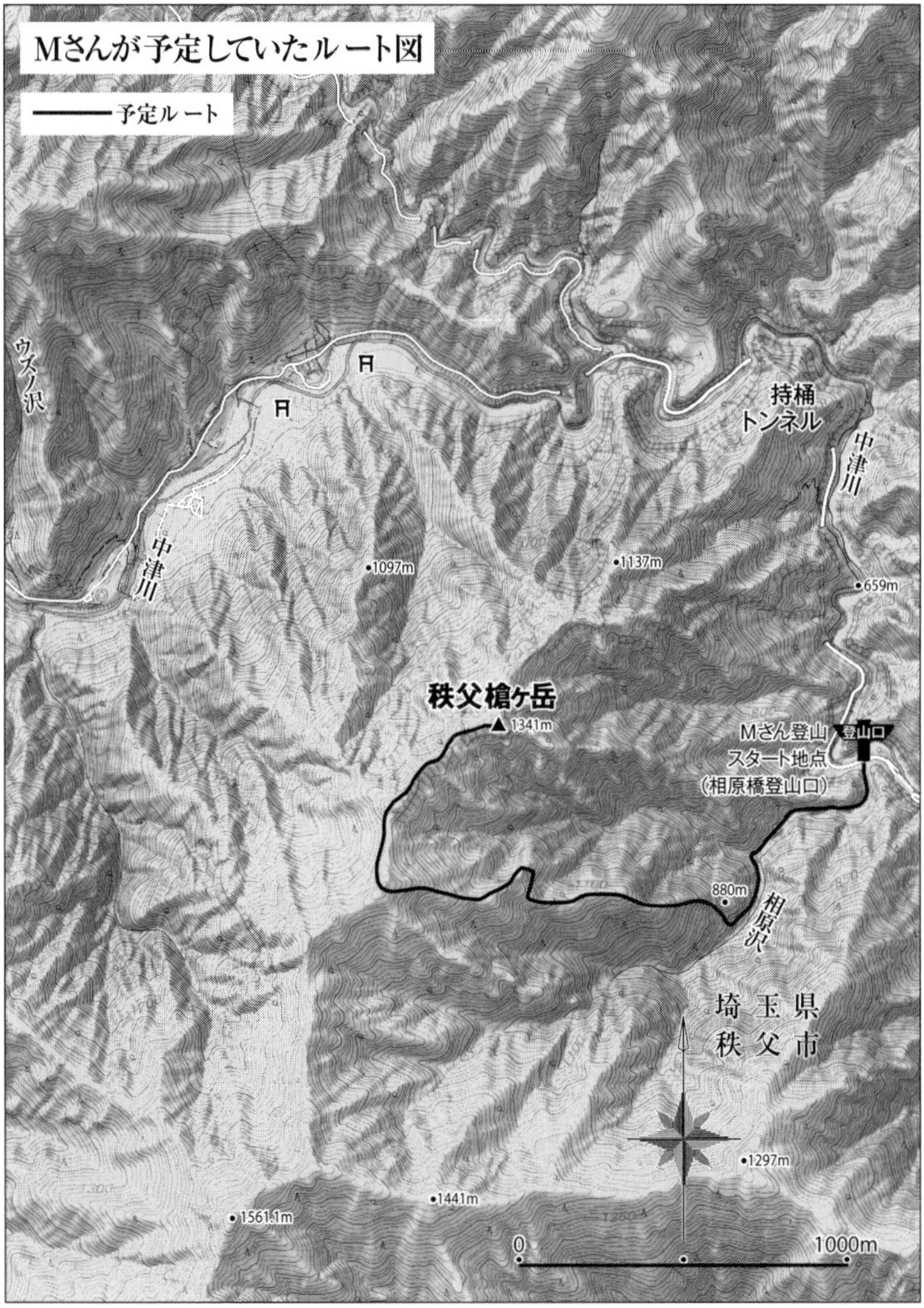
Mさんが予定していたルート図
予定ルート
ウスノ沢
中津川
持桶
トンネル
中津川
1097m
1137m
659m
秩父槍ヶ岳
1341m
Mさん登山
スタート地点
（相原橋登山口）
登山口
880m
相原沢
埼玉県
秩父市
1297m
1441m
1561.1m
0
1000m

取り組みは何度も丁寧に行うようにしている。

私が看護学生だったときの授業で「患者さんそれぞれへの看護アプローチや、退院後の社会復帰について検討するために、一枚の紙に、家族構成や性格、趣味、何に困っているかなど、患者さんを取り巻く要素をまとめてみましょう」という課題があった。こうした情報をまとめることで、患者さんの全体像を理解すると共に「奥さんが亡くなっていて、家族は娘さんだけ」という情報からは「退院後、娘さんは面倒を見ることができるのか?」と思いが至るし、「音楽が趣味」ならば「病室でも、好きな音楽を聴いてもらおう」という発想にもつながる。

「もしかしたら、遭難者のことを知るためにも役立つかも」と思い、捜索に取り入れ始めたのが、プロファイリングのスタートだった。

また、ご家族に「家の中で、登山道具などを確認してほしい」とお願いをすることもよくある。これには主に2つの理由がある。

まずは、ご家族に落ち着いてもらうため。何か作業をすることで、徐々に気持ちも整理されてくるし、「山に入らなくても、自分も捜索の役に立っている」と思ってもらえる。第2章で紹介したように、中には登山経験がないのにもかかわらず、自ら山に入って捜索を行おうとするご家族もいる。精神的に混乱しているご家族が山中に入れば、冷静な判断ができず、時に二次遭難を起こしてしまいかねない。ご家族の気持ちを方向転換することで、二次遭難、三次遭難を防ぐ効果もある。

また、自宅に残された登山道具や地図、登山に関わる書籍などの確認作業は、ご家族だからこそできることだ。ご家族にしかできない役割を担ってもらえたら、という気持ちもある。

両手はふさがっている

Mさんについても、ご家族から登山中の写真を見せてもらい、これまでどんな山に登っていたのかなどを伺った。登山経験はそれなりにあり、いつもひとりで山に行く。秩父三十四ヶ所観音霊場巡りをしていて、行方不明になった秩父には何度も足を運んでいた……。

中でも私が注目したのは、Mさんが手に持っていた「ストック」である。写真を見ると、Mさんはどの山に登る時にも、必ず両手にストックを握っていた。手がふさがっていてはクライミングのように岩を登ったり、ロープを伝ったりすることはできない。Mさんは難所の少ない一般登山道を登るタイプなのだと推測した。

秩父槍ヶ岳の尾根は数本あるが、どれも急峻な地形で、尾根と尾根の間はV字の谷のような状態だ。そして、谷の底には沢が流れている。

山頂へ行くためのルートもいくつかあるが、整備された登山道はひとつだけ。沢沿いから登山道が始まり、尾根に登り、稜線に出て登頂するというものだ。Mさんが自宅へ残した地形図にも、この一般登山道がルートとして記されていた。

実はこの山には山頂を目指すルートがもうひとつある。山頂へダイレクトに登ることができるルートだが、険しい岩場やロープを使用しなければならないほどの難所もあり、遭難事故が絶えないため封鎖され、立ち入り禁止の看板とロープが張られている。しかし、近年ではSNSの普及から、こうしたルートをネット上で紹介している人物もいるため、このルートから山頂を目指す登山者もいる。当初進められた管轄警察と地元の有志による捜索活動も、危険度の高いこの立ち入り禁止ルートを中心に行われていた。Mさんが当初の登山予定を変更し、過去に多くの遭難が発生しているダイレクトルートを利用したのではないか、と考えたようだ。

だが、そこは幅の狭い急峻な尾根だ。その上、時には岩場を登るため四つん這いにならないといけない。もちろん、Mさんがいつも利用しているストックなど、使う余裕はない。Mさんが、難所が多く存在し、立ち入り禁止の看板がある入り口のロープを越えてまで、このルートを選択したとは考え難かった。

私たちは、Mさんは当初の予定通り一般登山道から登ったと考えた。

一般登山道から山頂を目指した場合、稜線へ出るまでの間で道迷いや転滑落の危険性は極めて低い。道迷いや転滑落の事故が起きたとしたら、登り始めてから1時間半〜2時間後にたどり着く、起伏の激しい稜線上である可能性が高い。標高は山頂とほぼ同じだが、整備されていない樹林帯で、登山道が分かりにくい。また、急峻な地形のため一歩登山道を外れてしまうと、数十メートルから場合によっては数百メートル下まで滑落してしまう危険箇所が多く存在する。

看板の向き

捜索中、警察の捜索に協力していた地元の方から、ひとつ気になる話を聞いた。

一般登山道を登って稜線上へ出た所で、道はT字路となる。そこには「槍ヶ岳」という文字と、山頂への方向を示す矢印が描かれた看板が木にロープで結び付けられている。Mさんの遭難直後に、その協力員の方が看板を見たら、風でロープが動いてしまったのか、看板の矢印が正しいルートから45度くらいズレていた。そのため反対側を示しているように見えた、と言うのだ。

このT字路をちゃんと右に曲がれば山頂に着く。もしかして、Mさんは間違った方向にズレていた看板を信じて、山頂とは反対側へ向かったのか？

それは少し信じ難かった。なぜなら、Mさんが登った日は天気も良く、一般登山道を登っていれば、右側にしっかりと急峻な地形と山頂を望めていたはずだからである。協力員の方も「さすがに左には行かないと思うんだよね」と話していた。

だが、どうしてもこの話が頭から離れなかった。

そこから、私たちが考えた可能性は3つになった。

―1　一般登山道を進み、稜線上まで出た後、尾根をいくつも越えていく中で道迷いを

木にロープで結び付けられた看板

一般登山道の稜線の様子。木の根や岩で、どこがルートなのか判別しにくい

してしまった。
2　一般登山道を進み、稜線上まで出た後、滑落などアクシデントに見舞われて動けなくなってしまった。
3　間違った向きになっていた看板を信じて、正しい方向とは逆に進んでしまい、その先で道に迷ってしまった。

可能性1について、捜索隊が迷い込みの可能性がある箇所を捜索する中で、現在は使われていない廃道が存在することが分かった。廃道にはところどころに古い目印があり、それをたどっていくと、集落へ下りることができた。ただ実際に歩いてみると、私でさえ、GPSで自分の現在地をしっかりと確認しないと不安になるほど荒れていた。

可能性2については、稜線からロープを伝って下まで降りて目視による捜索を行い、また、危険度の高い箇所はドローンを飛ばして稜線までの間を撮影し、画像解析を行うという捜索も行った。

そして、第3の可能性。T字路で反対方向に行ってしまった場合、山頂とは反対方面の稜線に登山道は存在しない。道迷い、転滑落のいずれの可能性もあり、捜索範囲も広大になる。

山の中の目印

山中には、木に結び付けられたリボン、岩などにペンキで描かれた丸やバツなど、いろいろな「印」がある。

これらは、誰が付けた印なのか。林業家による印であったり、きのこ狩りに来た一般の方によるもの、もしくは地元の方が「自分たちの目印」として付けたものなど様々である。それを登山道の印だと勘違いし、遭難してしまう人が非常に多い。

もちろん登山道を示す印も多く存在する。それが本当に登山道を示すものなのか、または別の目的で付けられた印なのかをよく見極める必要がある。

登山の際には、山中の目印だけを頼るのでなく、地図を読んで登ってほしい。そして常に「万が一」の可能性を頭に入れて、行動することが大切だ。

T字路の先には

話をMさんに戻そう。先ほどあげた可能性1、2を想定した地上捜索を中心に、稜線へつながる沢や廃道の捜索も実施した。

ただ、地上隊が入るには難しい箇所も多く、ドローンを利用して沢や稜線からの転落の危険性がある箇所の映像を何度も撮り、それを画像解析してMさんを探した。

2ヶ月近く捜索したが、Mさんの発見には至らず、梅雨入りと青葉の時期を迎えた。山は茂った葉で見通しが悪くなって、捜索の継続が難しくなった。

ご家族と話し合い、捜索活動は一度休止して、秋の落葉後に再度捜索を行うこととなった。

「もう、全て見尽くした」と思えるほど、捜索をした。しかし、一ヶ所だけ、どうしても私たちの捜索が間に合わなかった箇所がある。

それは、T字路に付けられたあの看板を信じ、山頂とは反対方面へ向かった場合にたどり着くであろう1本の沢だ。

もし、MさんがT字路の看板がズレていたため、間違った方向の左に進んでしまったとしたら、その先には軽自動車くらいの大きさの岩が目の前に現れたはずだ。この大き

T字路を山頂と反対側に進むと、大きな岩に突き当たる

な岩を見てMさんはどう思ったのだろう?

「この先には進めないいな」と思い、行き止まりだと判断するはずだ。しかしよく見ると、岩を迂回して先に進むことができるようにも思える。その先は急な斜面になり、沢の水源(登山用語では「源頭」という)に突き当たる。

Mさんがこちらに進んでいたとしたら……。そのまま沢へ下っていったであろう。沢に行き着いたMさんは、おそらく滑らないように、滑らないように……濡れた岩や石を摑み、足元を確認しながら慎重に沢沿いを下っていったはずだ。


沢を下っていくと、二段になっている滝がある。そこもドローンで動画を撮っていたが、「沢の中は、現場に行かないと分からない。ここは、実際に行ってみる必要がある」と隊員間で話をしていた所だった。

LiSSでは毎回、それまでの捜索活動の内容を報告書にまとめ、ご家族と管轄の警察に提出するようにしている。警察への情報提供は義務とされているわけではないが、私はこうした情報提供によって私たちの捜索活動への理解を得られるとともに、捜索実施範囲の共有ができると考えている。この時も、これまでの捜索過程と未捜索範囲をまとめた報告書を管轄警察へ郵送した。

後日、一本の電話を受けた。私たちが提出したこの報告書を受け、未捜索であった沢を警察が捜索してくれることになったのである。

そして、この沢からMさんは発見された。

ドローン捜索の限界

今回の捜索では、私たち民間捜索隊と公的機関の協力によって遭難者発見につながった点は理想的な形だったが、一方でドローン捜索の限界も知ることとなった。

私は、この時の捜索までは「ドローンで、遭難者を発見できるのではないか」と淡い期待を抱いていた。

視界の開けた場所では、確かにドローンは役に立つ。今回の山域で言えば、切り立った稜線やその付近は見晴らしもよく、ドローンの映像で周囲の様子をしっかりと見ることができた。

しかし、Mさんが見つかった沢のように、生い茂った葉によって視界がふさがれやすい樹林帯の中は、ドローンによる撮影だけでは死角がたくさん発生してしまうことを実感した。

発見当時、二段になっている滝の途中に突き出た岩の上に、Mさんのリュックが置いてあったそうだ。

想像するに、沢を下っていき、滝に突き当たったMさんは落差10～20メートルはある滝を見て「これは降りられない」と判断したのかもしれない。しばらくここで過ごしたのではないかと思わせる痕跡が残っていたそうだ。おそらく岩の上に座り、食料か防寒具を出したりしていたのだろう。リュックを開けた形跡があった。

岩は人がひとり座れるくらいの大きさしかない。二段になっている滝の、下の段の滝の中で、Mさんは見つかった。

今まで私は捜索の中で、沢に行き着きそのまま沢沿いを下ろうとした人の痕跡をたくさん見てきた。人は沢を見ると、「水があれば、とりあえずサバイバルできる！」「このまま伝っていけば下山できるのでは」と思うことが多いようだ。そもそも、人は山中で道に迷ったら「下らなきゃ」という心理になるだろうし、登るより下る方が身体の負担が少ないからだ。どうしても、「下る」選択をしがちなのだろう。

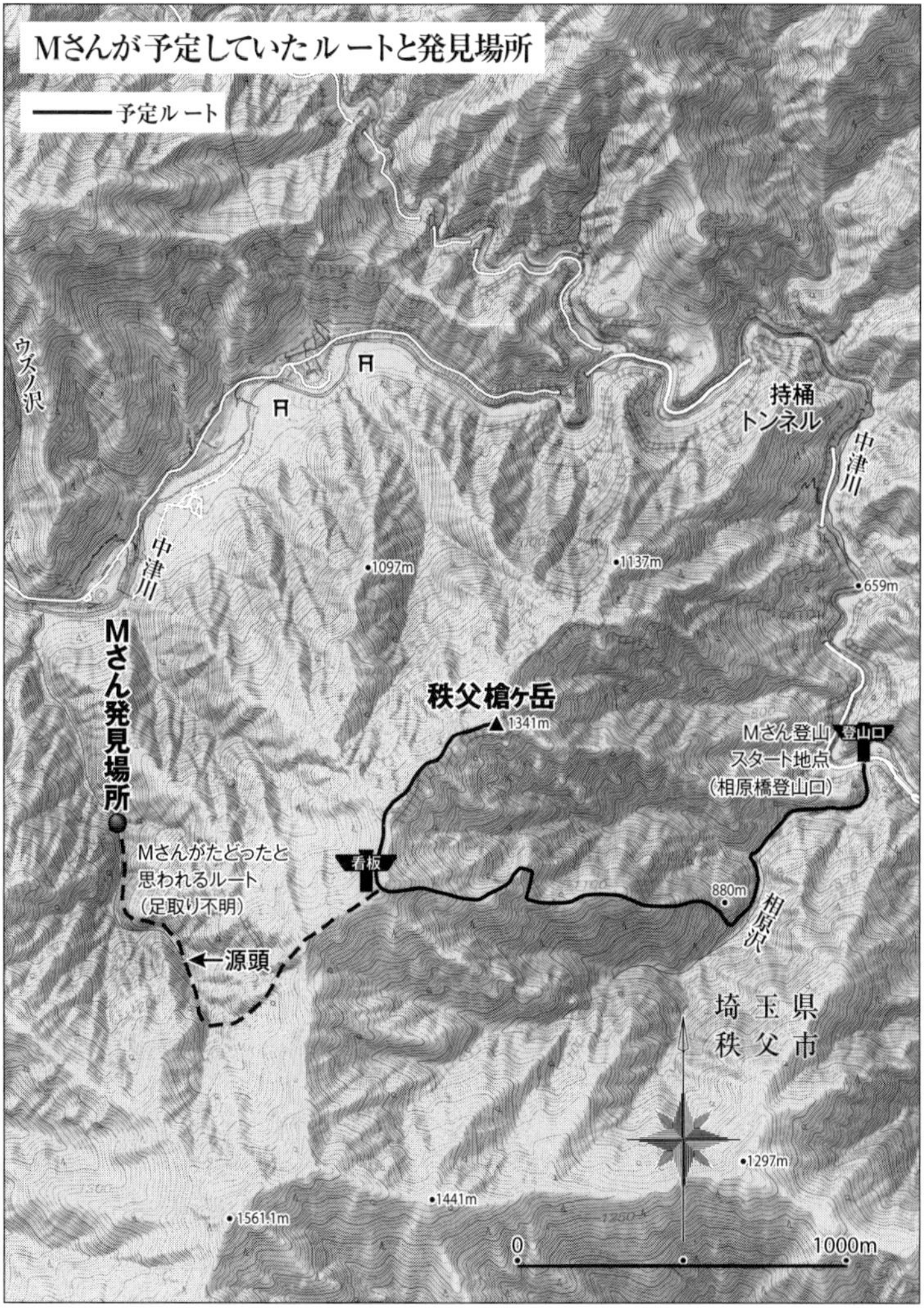
Mさんが予定していたルートと発見場所
予定ルート
ウスノ沢
持桶
トンネル
中津川
中津川
1097m
1137m
659m
Mさん発見場所
秩父槍ヶ岳
1341m
Mさん登山
スタート地点
（相原橋登山口）
登山口
看板
Mさんがたどったと
思われるルート
（足取り不明）
880m
相原沢
←源頭
埼玉県
秩父市
1297m
1441m
1561.1m
0
1000m

しかし山で遭難したら、下るのではなく、とにかく上に登ってほしい。まず、ロープやハーネス、カラビナといった道具と、それを扱ったり、地形を読む総合的技術がない限り、沢を下り切ることはほぼ不可能だ。沢は足場が悪い上に、滝が必ず存在する。どこかで滑落してしまう可能性が非常に高い。

逆に、山の高いところまで登って木を揺らしてくれたり、スマートフォンのライトやヘッドライトを点滅させるなど、上空から見つけてもらえるようにサインを出してくれたら、それだけで捜索隊のヘリコプターが気づく。だから、もし、山で「あれ、なんか変だな……」と思ったら、とにかく上を目指してほしい。

発見から数日後、Mさんは秩父市内で荼毘《だび》に付された。

私たち捜索隊員も参列させていただき、Mさんをお見送りした。

ご家族は「弟が山で遭難してから時間が止まったままでしたが、見つかった日から時計の針が少しずつではありますが動き始めました」と、とても穏やかな表情で話してくれた。そして、Mさんは3ヶ月半振りに自宅へ帰られた。

1年後、私たちはMさんのご家族と秩父槍ヶ岳を訪れた。

とても蒸し暑い日だったが、当時の捜索の話をしたり、ご家族からMさんの思い出話を伺ったりしながら、Mさんが見つかった場所の近くまで案内し、献花をしてご冥福をお祈りした。

その日、Mさんのお兄さんは、Mさんが遭難した日に利用したのと同じ時刻のバスに乗ってきたそうだ。

「おかげさまで弟の発見場所の近くに来て冥福を祈ることができました。これでひと区切りがつきました」

そう話していた。

ご家族は、それから毎年秋にはMさんとの思い出を胸に、秩父を慰霊のために訪れている。

コラム　帰りを待つ家族の気持ちの変化

私は看護師として救急医療に携わり、患者さんとそのご家族に接してきた。その経験を活かして、山岳地での遭難者やそのご家族に関わることができるのではないだろうかと考えていた。

しかし、いざ遭難者のご家族と話をすることになった時、大切な人が行方不明になるという現実は、私の想像を遥かに超えた厳しいものなのだと思い知ることになった。

私はご家族にかける言葉が見つからなかったのである。

朝、「行ってきます」と元気に家を出たのに事故に遭ってしまった、病気の患者さんの容体が急変した……そんな突然の別れを強いられたご家族を、救急の現場でたくさん観てきた。

そこには、患者さん本人が必ず家族と私たち医療従事者の前にいる。

それに対し、山で行方不明になった場合、遭難したご本人は、どこにいるのかも分からない。山中で亡くなっていたとしても、ご遺体を発見するまでは、安否を明確に知ることも叶わない。それまで経験したこともない状況におかれるご家族には、大変な心労がかかる。そして、2つのことを受け入れないといけないプロセスが待っている。

ひとつは家族が家に帰って来ず、どこにいるか分からないという「行方不明となった事実」。そして、もうひとつは、ご遺体の発見で直面する「大切な人の死」の現実だ。


この2つを受け入れられるようになるまでに、ご家族はいくつかの心境の変化を経ることになる。

楽しいレジャーに出かけただけだと思っていたのに、帰ってこない。予期していなかった事態に大きく動揺する。これが最初の段階だ。「何が起きたのか知りたい。とにかく、早く探して！」という気持ちで頭がいっぱいで、焦りと不安に襲われる。

自分たちにできることを早くやらないと、という心境だ。遭難発覚当初のご家族は張り詰めた気持ちになっている。そのため、遭難直後に捜索依頼を受けた場合、ご家族からの着信で、私の携帯も24時間、鳴りっぱなしということもある。

この時期は、とにかくご家族の話に耳を傾けることが最も大切だ。まず、要望を受け止める。話を聞くことで動揺や不安が少しでも和らぐよう努めている。遭難当初の捜索活動は公的機関によって行われるため、警察官から事情を聞かれたりすることが多いが、警察と家族の間だからこそ、話しづらいこともある。そうした時には、私たちのような第三者が話を聞くことで、少し気持ちが楽になる場合もあるようだ。捜索隊の立場からすれば、遭難者のことを少しでも多く知りたい。こちらから急かしたり、聞きただすような態度にならないよう慎重に、タイミングを見て少しずつ遭難者の情報を教えてもらう。

だからこそ私は現場に行かず、ご家族と常に連絡を取れるようにすることが多い。どんな小さなことでも、何か疑問が生じた時にすぐに答えてくれる人がそばにいた方が、ご家族も安心するはずだ。

また、今まで経験したことのない危機的状況とストレスから、極限状態に陥ってしまって眠ることもできない、というご家族がほとんどである。食事や睡眠が取れないと、人はどんどん判断能力を奪われる。「捜索は私たちに任せて、今日はどうかお休みください」とお伝えするが、やはり一睡もできなかった……という方も多い。この時期、警察や私たちに強い言葉を発してくるご家族もいる。「家族が遭難した」という特異な状況がそうさせてしまっているのだ。ご家族の心境を受け入れながら信頼関係を少しずつ構築していくことが、その後の捜索活動には非常に重要になる。

遭難発覚直後の動揺から少し時間が経つと、次にやってくるのは否認や怒りという感情だ。「なんで帰ってこないの？　私たち家族はこんなにも苦しい思いを強いられているのに？」と考えるようになる。こうした気持ちは、ご家族内で落ち着かせることができるケースもあれば、私たちへ気持ちを吐露することで乗り越える方もいる。

こういった段階を経て、ご家族は遭難者が帰ってこないということ、そして、それは山で行方不明になっているから、という事実を受け入れようとする。

確かに、「亡くなっていたとしても、身体だけは帰ってきてほしい」と言うご家族もいる。この言葉だけ聞くと、家族の「死」まで受け入れているようにみえるが、やはり、ご遺体が見つかるまで、ご家族の多くは「どこかで生きていてほしい」という希望を持ち続けていることの方が多い。なぜなら、見つからないということは「もしかしたらこの山には行っていないのかもしれない」「どこかで元気に生活しているかもしれない」という可能性にもつながるからだ。

「なんで、見つからないんですか？」

私が最も聞かれる質問だ。この問いを受けた時、私は細かく丁寧に状況をお伝えするようにする。

これまで捜索を実施した場所と、まだ捜索ができていない場所を地図上に示し、あらゆる可能性を考えながら丁寧にお伝えすると、「ああ、じゃあ、もしかしたら、これから見つかるかもしれない」という希望を再び持ってもらえる。だからこそ私たち捜索隊は絶対に発見を諦めてはいけないし、常に次の策を考え続けなければならない。

遭難発覚から時間が経つと、これからの生活のことを考え始めるご家族もいる。そのため、要望もケースごとに大きく異なってくる。「まだまだ探してほしい」というご家族もいれば、「残された私たちの今後の生活のことも考えると、捜索費用の負担が大きいです」と言われることもある。また「本人の携帯を解約したいんですが、行方不明者の場合、解約ができなくて困っている」と実務的な相談を受けるようにもなる。

依頼を受けた捜索について、LiSSの方から打ち切りの判断をすることは決してない。なぜならこれまでも、もう探すところはないというほど捜索を行い、次の策が見つからないと思わされるところから遭難者を発見したこともあるからだ。どんなに時間がかかっても私たちは諦めない。

「1日や2日でご家族が見つかることは、ほとんどありません。捜索は長期化することが多いです」

依頼を受ける時、このことは必ず最初に伝えている。

ただ、遭難者が見つかるまで探し続けること、今後の生活の基盤を立て直すこと……。

目の前のご家族にとっての〝出口〟を考えることも、私の役割のひとつだと考えている。

遭難者が発見されると、それまで「生きているかどうか分からない」という曖昧だった状況が一変し、ご家族は「大切な人の死」の現実を突きつけられることになる。

「ご本人と思われるご遺体が見つかりました」とお伝えした時、「え……本当にうちの人ですか？」と反射的に戸惑いの言葉を発せられる方がほとんどだ。それまで「見つからない」という言葉を何度も何度も聞かされ、自分自身にも言い聞かせてきた。それが見つかったとなると、瞬間的に「よかった」よりも「見つかったって、どういうこと？」と困惑するようだ。「行方不明のままがよかった」と本音を漏らすご家族もいた。

遺留品やご遺体を前にするということは、ご家族にとっては「本当に亡くなってしまった」という現実に対峙することを意味する。そして、今度は大切な人の

「死」を受け入れなければならないのだ。

行方不明から時間が経ち、ご遺体を発見できても、生前とはかけ離れた姿で見つかる場合も多い。ご家族は「本人じゃないかもしれない」と「本人であってほしい」という2つの気持ちの間で揺れ動く。それは、行方不明という事実を受け入れたご家族に再び、辛い事実を受け入れることを強いることでもある。それでも、私は、山中でご遺体を見つけたら、すぐにご家族に知らせたい。行方不明でどこにいるか分からない――そんな曖昧な状況から、ご家族を解放したいと思うからだ。

DNA鑑定や歯型などによる身元確認でご本人だと確定したとしても、ご家族が大切な人とのお別れを受け入れるまでにかかる時間は様々だ。遭難者が発見された後も、ご家族の苦しみが全て消えるわけではない。「他のご家族は、どうやって立ち直っていったんですか?」と聞かれたこともある。

遭難者を発見することが捜索隊の役割ではあるが、ご家族が「大切な人の死」を受け入れ、私たちを必要としなくなるその日まで、LiSSの役割は終わりにはならない。

遭難者の事故の原因や最期の状況、目にした景色を知りたいと思うご家族は多い。しかし私たちは、ご遺体が見つかった現場の状況から遭難の経緯や死因について想像することしかできない。

　ご家族にとってはその状況を聞くことで、「亡くなるまで、山の中でひとりで怖かったろうな。苦しかっただろうな」とやりきれない思いでいっぱいになるが、それを伝えるのも捜索隊の大切な役割なのだと思う。

　よく「時間が傷を癒してくれる」という。だから、どうしても「1年経ったから」「三回忌だから」と、よく「区切り」という言葉を使ってしまうが、それは私たちのような第三者が勝手に決めてしまっていることなのかもしれない。物理的な時間の経過だけで、ご家族の心情は測れるものではない。

第4章　捜索の空白地帯

制覇を目前に

神奈川県と山梨県の県境には、神奈川県で一番高い蛭《ひる》ヶ岳《だけ》（標高1673メートル）をはじめ、いくつもの山が連なっている。これらをまとめて「丹沢山地」と呼ぶ。

60代の男性Kさんは10年前から丹沢で沢登りを始め、毎週末丹沢へ通っていた。

100以上ある丹沢の沢を全制覇するまで残りわずかとなった2018年10月20日土曜日。その日も、Kさんはいつものように丹沢に向かった。

そして帰宅予定だった22日。連絡がつかない夫を心配した奥さんが、Kさんのお兄さんに相談し、すぐに警察へ捜索願を提出した。翌日から警察による捜索活動が開始される。しかし、発見には至らず1週間ほどでKさんの捜索は打ち切りとなる。

2日目の可能性

私たちがKさんのお兄さんから捜索依頼を受けたのは、Kさんが行方不明になってから1ヶ月以上経った、2018年11月29日のことだった。

自宅に残された行動計画書には、2泊3日の予定がこう書かれていた。

1日目　大倉から入山し、ミズヒ沢、鍋割山《なべわりやま》、鍋割山北尾根、ユーシンロッジ
2日目　石小屋沢《いしごやさわ》、ヤシロ沢
3日目　檜洞沢《ひのきぼらさわ》、西丹沢ビジターセンター

実際に地図で見てみると、Kさんの登山計画はかなり広範囲にわたる。どこから捜索をしたらいいか……と途方に暮れかけたところ、登山の経験があるKさんのお兄さんから、捜索範囲についてご要望をもらった。

それは、「2日目の沢登り中に遭難した可能性が高い。だから、計画書にあった石小屋沢、ヤシロ沢、加えて沢登りからユーシンロッジへ戻るルートとなる同角《どうかく》尾根周辺の

捜索をしてほしい」というものだった。

Kさんが2日目に予定していた下山ルートには、急峻な尾根で両側は切れ落ちている箇所があり、そこから滑落したと考えるのは自然だった。長年丹沢に通い、山に慣れているKさんのことだ。山道には精通しているはず。道に迷うより、どこかで滑落してしまった可能性が高い。そして事故が起きたとするならば、確かに最も危険度の高い2日目の計画にあるどこかだろうと私たちも推測した。

問題は季節だ。例年、丹沢は12月末頃から雪が積もり始める。雪が降れば遺留品や遭難者の身体は雪の下に隠され、捜索が困難になってしまう。残された捜索時間は1ヶ月しかなかった。

冷やされたままの缶ビール

Kさんは「丹沢の秘境」とも呼ばれるユーシン渓谷の一番奥にある拠点施設「ユーシンロッジ」近くにテントを張り、登山中は全てテント泊を予定していた。おそらく、最近はこの近辺の沢に重点的に取り組んでいたのだろう。3日間の登山計画も、ユーシンロッジがちょうど中間地点になるようにルートが組まれていた。毎週この山に通っているので、テントは畳んだり持ち帰ったりせずに、その場に張りっぱなしにしていた。

水場もあり、急な悪天候の場合はロッジの建物内に避難すればいい。複数の沢も近くにあり、Kさんにとっては使い勝手が良い拠点だっただろう。

テントの中には下着が干されていた。食事を作るための食器類やロープ、カラビナといった登山道具も残されている。テント近くの沢で缶ビールも2本、冷やされていた。

Kさんは、この週末もテントに来ている。そして沢登りをした後にテントに戻る意思もあった。しかし、その途中で何らかのアクシデントに見舞われた。そう見えた。やはり2日目か……。

計画書に書かれていた2日目のルート、石小屋沢とヤシロ沢はすでに警察による捜索が実施された後だった。だが、私たちは、お兄さんからの「2日目のルートを捜索してほしい」という希望を受け、Kさんが2日目の行動計画を変更した可能性も視野に入れ、ユーシンロッジからほど近く、これまでKさんが登っていない沢を洗い出し、捜索活動を始めた。

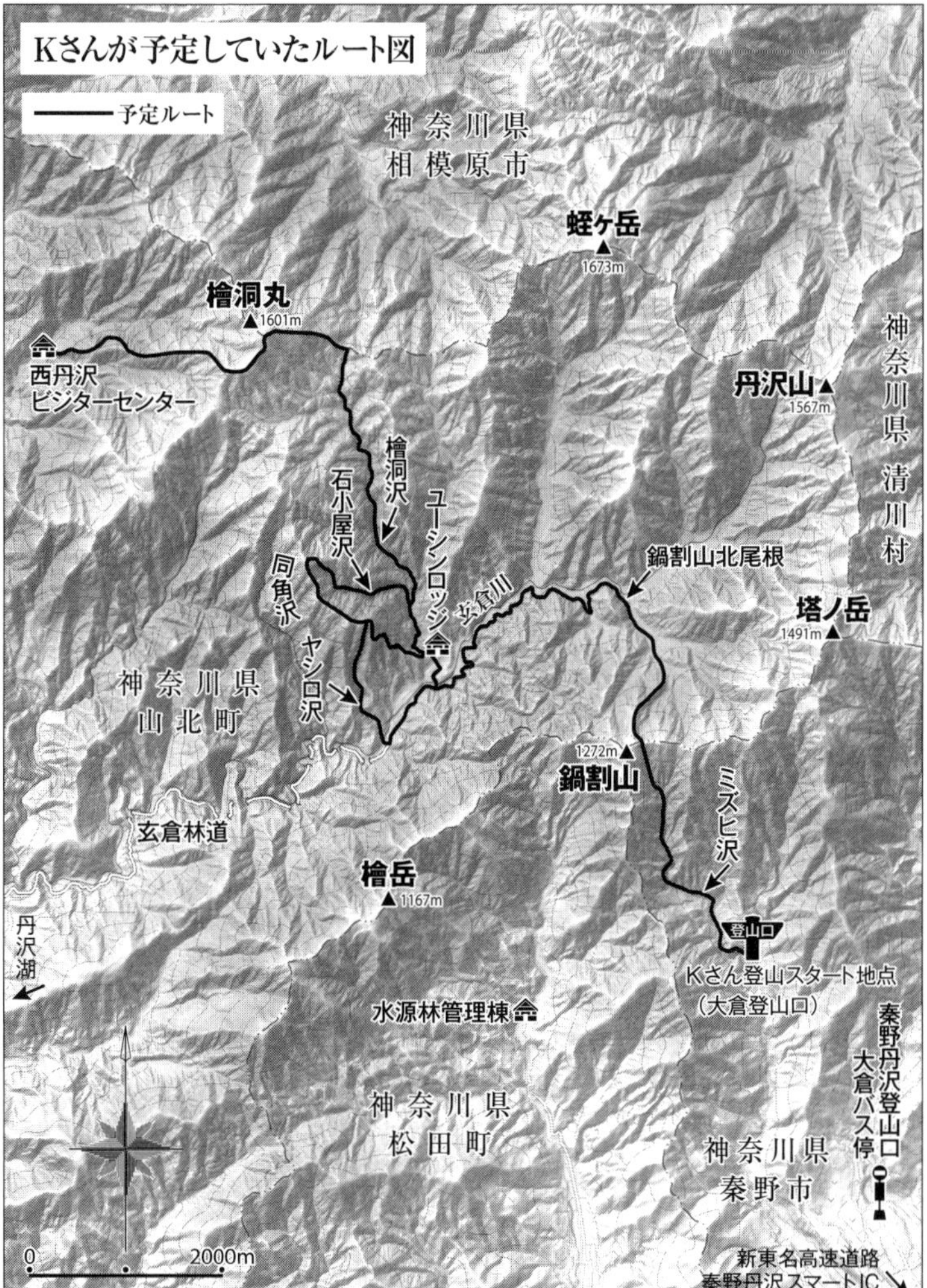
Kさんが予定していたルート図
予定ルート
神奈川県
相模原市
蛭ヶ岳
1673m
檜洞丸
1601m
西丹沢
ビジターセンター
丹沢山
1567m
神奈川県 清川村
檜洞沢
石小屋沢
ユーシンロッジ
同角沢
玄倉川
鍋割山北尾根
塔ノ岳
1491m
ヤシロ沢
神奈川県
山北町
1272m
鍋割山
ミズヒ沢
玄倉林道
檜岳
1167m
登山口
丹沢湖
Kさん登山スタート地点
（大倉登山口）
水源林管理棟
秦野丹沢登山口
大倉バス停
神奈川県
松田町
神奈川県
秦野市
0
2000m
新東名高速道路
秦野丹沢スマートIC

3枚の登山計画書

捜索は難航した。

捜索範囲が広かったというのもあるが、思わぬ困難にも見舞われた。丹沢湖の湖畔からユーシンロッジまで通常2時間ほどの道のりのところ、崩落により玄倉《くろくら》林道が通行止めになっていたため、水源林管理棟から雨山峠経由でユーシンロッジに向かわざるを得ず、片道3時間半はかかった。週1回の捜索のたびに、前日の昼には自宅を出発し、夕方にユーシンロッジに到着、そして翌朝から捜索をする、という形をとった。

尾根から何本もつなげて長くしたロープを伝って急斜面を降り、Kさんの姿を探す。登山計画に記載されていた石小屋沢とヤシロ沢、そこから派生する枝沢、2日目の計画にはなかったが檜洞沢、そしてこのエリアで最もスケールが大きく、危険度も高い同角沢も「Kさんなら、予定を変更して挑戦したくなるのではないか？」と思い、捜索をした。

しかし、どれだけ探してもKさん発見につながる手がかりが見つからない。

すでに季節は秋から冬に変わる頃で、日没も早い。時には、日が暮れてからも活動せざるをえないこともあった。捜索が長期化すると、隊員の表情にもだんだんと疲労の色が濃くなる。

「2日目の計画ルートばかり捜索を行ってきたけど、3日目に遭難した可能性はないのかな、それか1日目？　何かがおかしい……」

様々な疑問が生じてくる。

なんでもいい。何かヒントはないか？

この時点まで、私たちは、依頼者であるKさんのお兄さんからKさんについての聞き取りをしていた。しかし彼は普段、Kさんとは一緒に住んでいない。Kさんの日頃の行動パターンや性格は、奥さんが一番詳しいはずだ。私たちは、彼女と話ができないかお兄さん経由で打診した。

Kさんの奥さんとお兄さん夫婦、私、そしてもう1人の隊員の5人が、ファミリーレストランで会うことになった。奥さんは憔悴しきった様子で、食欲もないのか、ほとんど何も口にしない。しかし、Kさんとのこれまでの思い出や夫婦間の愚痴を話してくれた。

言葉の端々に長年連れ添った夫婦らしさを感じながら、私は話に耳を傾けた。話を聞くうちに、Kさんの人物像が、私の中でより具体的になっていく。

寡黙で根っからの山好き。普通なら「主要な沢だけ登ればいいかな」と思いそうなところを、全ての沢を制覇しようと思うなんて、几帳面で、気が長い人なのだろう。同席してくれたお兄さんも、とても紳士的な人物だから、ご兄弟で雰囲気も似ているのかな……。

話の中で、一点、気になることがあった。

「夫は毎週、山から帰ってくると、リュックを置いてすぐに、翌週の登山計画書を冷蔵庫に貼るのよ。帰ってきたらすぐに、よ。手も洗わずに。信じられないでしょ。そういうところはせっかちなんだから」

私は、Kさんのこの何気ないルーティンに、手がかりがあると直感した。

奥さんによると、Kさんは毎回、登山計画書を3枚作成していたという。

1枚目は自宅の冷蔵庫に貼る用。

2枚目は登山口ポストへの提出用。

そして3枚目は、登山中に持ち歩き、ベースキャンプに置いておくためのものだ。

今回も、Kさんは冷蔵庫に1枚貼っていた。そして、登山口ポストにも同じ計画書が提出されている。Kさんが丹沢に入り、登山を開始したことは間違いない。

では、残り1枚の登山計画書はどこへ？

もしベースキャンプに残されていたのが今回の計画書であれば、Kさんが遭難したのはベースキャンプに着いた後の事故であろう。だが、もし「前回の」計画書がテントに残されていたとしたら、遭難はベースキャンプに着く前、つまり1日目に起きたと考えるべきではないか。

なぜならKさんの行動パターンから考えると、初日にベースキャンプのテントまで着いていたら、すぐに計画書を最新のものに替えていたに違いないからだ。それがテント内にないのであれば、そもそもKさんはベースキャンプにたどり着いていないということになる。

奥さんから話を聞いたその場で、私はお兄さんに「テントの中に残されていた計画書はいつのものでしたか？」と尋ねた。Kさんの所有物はテントも含め、警察から彼の手元に戻っていた。お兄さんは「確か、今回のものだったと思う」と言うが、私は「もう1回だけ、調べてもらえませんか？」とお願いをした。

帰宅後、すぐに調べて連絡をくれた。

「中村さん、計画書、前回のものでした。どう思います?」

それまで冷静だったKさんのお兄さんの声が震えている。

「3枚目の計画書は、Kさんご本人が持っていると思います。つまり、1日目に遭難した可能性が高いのでは?」

お兄さんに伝えると「私も、そう思います」。

ふたりの意見が一致した。

私は、それまで重点的に探していた2日目のルート周辺の捜索を止め、捜索範囲を初日の行動予定ルートに絞り込むべきだ、と捜索隊のメンバーに提案した。

「そんなの、推測に過ぎないじゃないか」と全く信じてもらえなかった。今回の捜索には、私の山の師匠と、その先輩も参加している。経験値において私など足元にも及ばない。彼らが言うことも、もっともである。1日目のルートは、この山の中ではメジャーなルートのひとつであるため、Kさんが遭難した後、同じ場所を歩いている登山客も多くいる。実際、登山者向けのコミュニティサイトを見ても、Kさんより後に同じルート

新潮社
新刊案内

2023 4 月刊

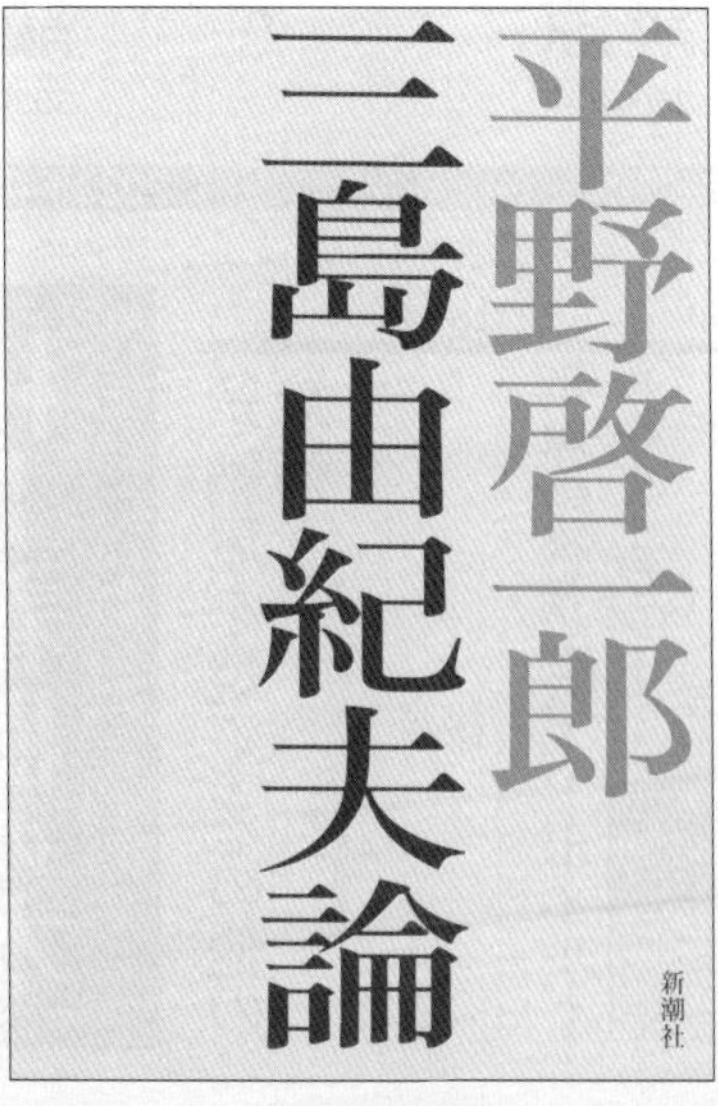

村上春樹の本

西暦は単行本の刊行年です。
書影は最新刊以外、文庫版になります。

1984年

螢・納屋を焼く・その他の短編

1985年

世界の終りとハードボイルド・ワンダーランド

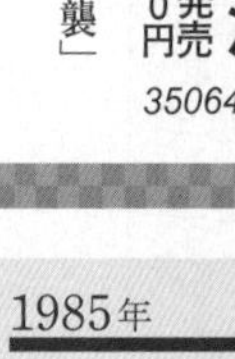

年

ねじまき鳥クロニクル

早逝した女優をめぐる四人の男。華麗なる長編

輪舞曲《ロンド》

朝井まかて

愛人兼パトロン、腐れ縁の恋人、火遊びの相手、生き別れの息子。早逝した女優をめぐる四人の男たち——。万華鏡のような長編小説。●825円

121632-4

元警察キャリアにしか書けない究極の警察ミステリ

新任警視 上・下

古野まほろ

公安警察vs.武装カルト教団。25歳の若き警察キャリアは未曾有のテロを防げるか。二重三重の騙し合い、究極の警察ミステリ。●935・990円

100475-4,76-1

全部ゆるせたらいいのに

一木けい

お酒に逃げる夫を止めたい。お酒に負けた父を捨てたい。家族に悩むす

102122-5

新潮文庫 4月の新刊

※表示価格は消費税(10%)を含む定価です。出版社コードは978-4-10です。

カラスは飼えるか

松原 始

頭の良さで知られながら、嫌われたりもするカラス。この身近な野鳥を愛してやまない研究者が、カラスのかわいさ、面白さを熱く語る。●649円

104541-2

無駄な殺生はするな。でも殺る時は躊躇するな

邦人奪還 —自衛隊特殊部隊が動くとき—

伊藤祐靖

北朝鮮軍部がミサイル発射を画策。米国によるピンポイント爆撃の標的付近には、日本人拉致被害者が——。衝撃のドキュメントノベル。●737円

102962-7

新潮ことばの扉

教科書で出会った名作小説一〇〇

石原千秋編著

こころ、走れメロス、山月記、ごんぎつね。懐かしくて新しい〈永遠の名作〉を今こそ読み返そう。全作に深く鋭い「読みのポイント」つき! ●649円

127454-6

大ベストセラー『スマホ脳』のジュニア版が登場

脱スマホ脳かんたんマニュアル

アンデシュ・ハンセン マッツ・ヴェンブラード 久山葉子訳

240281-8

…紀夫論

平野…

4月26日発売
●3740円

4260…

三島はなぜ、あのような死を選んだのか――答えは小説の中に秘められていた。4作品の精読からその謎を解く、構想20年の三島論！

保田與重郎の文学

前田英樹

4月26日発売
●14300円

古典はなぜ読まれねばならないのか。文学の真の意義とは。近代文学の極北にして核心。小林秀雄と並ぶ文学者の本質を示す決定的評論。

351552-4

■新潮クレスト・ブックス

ある犬の飼い主の一日

サンダー・コラールト
長山さき［訳］

4月26日発売
●2145円

離婚した中年男ヘンクはICUのベテラン看護師。ある日、老犬の散歩中に出会った中年女性に恋をする。オランダのベストセラー。

590188-2

「おかえり」と言える、その日まで
山岳遭難捜索の現場から

中村富士美

4月13日発売
●1540円

たとえ身近な低山でも、運命の分かれ道は登山道の随所に潜む。丹念なプロファイリングから消えた足跡を辿る6つのエピソード。

355011-2

ードは978-4-10です。

2000年
神の子どもたちはみな踊る

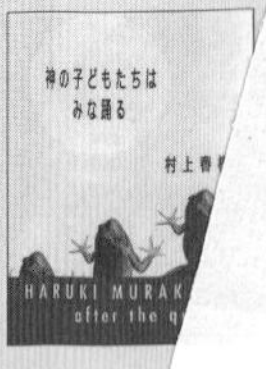

2002年
海辺のカフカ

2005年
東京奇譚集

2009、2010年
1Q84

2017年
騎士団長殺し

2023年
街とその不確かな壁

■ご注文について

を登った人の投稿もあった。ルート上でけがをしたりしていたら、登山者が見つけているはずだ。

「そんなところを捜索するなんて、何か根拠があるのか？」

メンバーは当然聞いてくる。

捜索の「目」

「はじめに」でも少し紹介した通り、LiSSのメンバーは、10人前後。それぞれ、普段は私のような医療者だったり、自営業や山のガイドなど本業を持ち、捜索依頼が入ったら出動してくれる。全員が登山歴20年以上を誇り、技術にも長けた正真正銘の「山のプロ」たちである。しかし、そうであるがゆえに一般的な登山者だったら迷うかもしれない場所を見ても、「ここは迷わないだろう」とプロならではの判断をしてしまい、ヒントを見落とすこともありえるのではないか。

「この山だったら、ここが一番危ない」「そんな場所で迷うわけがない」……そういった言葉もメンバーからよく聞く。これは、山をよく知っているがために「山から考える」ことに慣れてしまっているからだろう。しかし、捜索する上で大切なのは「遭難者の視点から山を見る」ことだ。Ｌ・ｉＳＳに依頼がくる遭難者のほとんどは、一般登山者であり、山のプロであるガイドではない。当然、経験値も技量も様々だ。

だからこそＬ・ｉＳＳの捜索には、私の友人でたまに軽い山登りを趣味でする程度の人も参加している。捜索に入ってもらうというより、私の前を歩いてもらい、彼女が実際に山の中で迷った場所や危険と感じる箇所をチェックしていくのだ。そこは、遭難者も迷った可能性が高い。「遭難者の目線を常に意識する」「遭難者の立場から、山のどこが危険なのか考える」ことこそが、最も重要だと私は考えている。

私自身は最近、ご家族と捜索隊の中継地点の役割を担うため、山に入ることは少なくなったが、捜索に参加する時にはやはり「初心者目線を忘れない」ことを大切にしている。

もちろん、地図は読めるし、山に登るための最低限の技術も身に着けている。しかし、「目」だけはプロにならないように心掛けている。

私はメンバーたちに何度も「信じてください！　間違いないです。私の勘です！」と説得になっているような、なっていないような言葉を繰り返し、何とか１日目のルート捜索にこぎつけた。

誰の目にも触れない場所

よくよく検証してみると、Kさんの1日目のルートには一ヶ所だけ「空白地点」があることに気づいた。

ミズヒ沢から、Kさんの次の目的地、鍋割山（標高1272メートル）へ向かう道中には、「ミズヒ大滝」という滝がある。落差20メートルほど、三段になっている大きな滝だ。さすがに滝の中を直接登ることはできないため、通常ここから先に進むには滝を避けて右から迂回して滝の上まで登る必要がある（登山用語で「高巻き」という）。「滝を避けて」と書いたが、滝の真横を登れるわけではなく、滝から10メートルほど右に逸れて、いったん沢から離れて尾根を滝の上部まで進むイメージだ。登っている途中、左手に滝は見えるが、それも、木々の合間からチラチラ見える、くらいの距離である。

そのためミズヒ沢を遡行（上流へと遡って登ること）する登山者はミズヒ大滝の水が落下し始める「落ち口」を目にすることはない。ここの落ち口は一度水が溜まってから落ちる形になっている。沢登りのガイドブックにも、「このミズヒ大滝の落ち口よりさらに上流まで尾根を進み、ミズヒ沢へ戻る」と紹介されている。つまり、滝の上は、誰の目にも触れていないのだ。ここだ！

年が明けて2019年1月6日の午前中。私たち捜索隊のメンバーが男性のご遺体を発見した。ミズヒ大滝の上の落ち口、水面に浮かぶ落ち葉の下で、うつぶせの状態で見つかった。

私たち捜索隊は、遭難者を発見しても、その場から移送することはできない。捜索隊ができることは、名前の通りあくまで「捜索」だけなのだ。この段階では事件性を否定できないので、現場の状況をそのまま保存して警察へ通報し、指示を仰がなければならない。

街中で高所からの転落が発生した場合を想像してほしい。「足を滑らせて落ちた」という可能性はもちろんだが、「誰かに突き落とされた」可能性も否定できないだろう。山中でも同じだ。だから、私たち捜索隊は遺留品に触れたり、ご遺体を動かしたりして現場の状況を変えるようなことは絶対にしない。

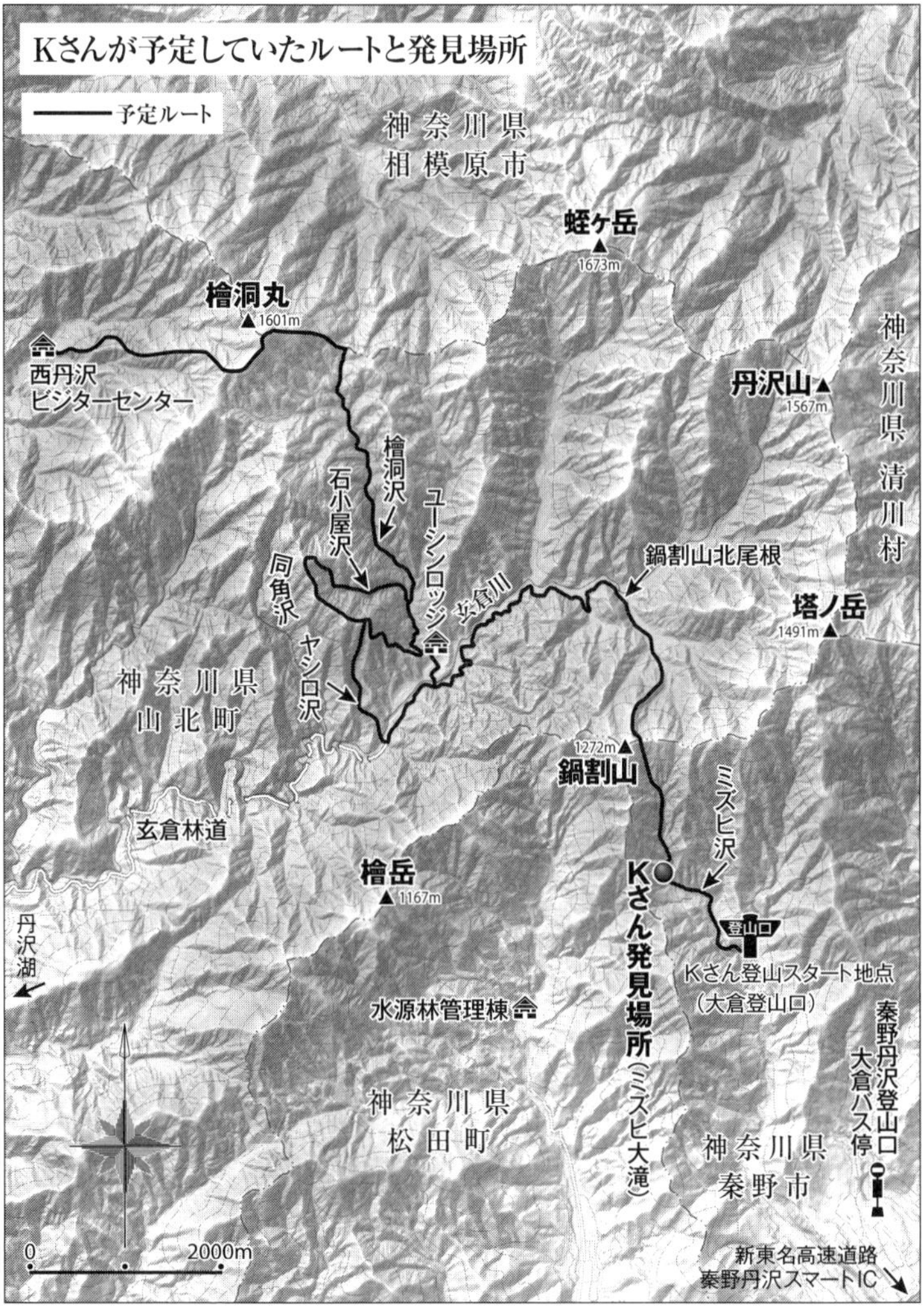
Kさんが予定していたルートと発見場所
予定ルート
神奈川県
相模原市
蛭ヶ岳
1673m
檜洞丸
1601m
西丹沢
ビジターセンター
丹沢山
1567m
神奈川県
清川村
檜洞沢
石小屋沢
ユーシンロッジ
同角沢
玄倉川
鍋割山北尾根
塔ノ岳
1491m
ヤシロ沢
神奈川県
山北町
1272m
鍋割山
ミズヒ沢
玄倉林道
檜岳
1167m
Kさん発見場所
(ミズヒ大滝)
登山口
Kさん登山スタート地点
(大倉登山口)
丹沢湖
水源林管理棟
秦野丹沢登山口
大倉バス停
神奈川県
松田町
神奈川県
秦野市
0
2000m
新東名高速道路
秦野丹沢スマートIC

この時点で私たちにできるのは、事前にご家族から聞いていた服装や持ち物から、目視でご本人の可能性があるかどうか確認すること、記録のための写真を撮ること、そして警察に正確な位置を伝えるために、緯度・経度をＧＰＳで記録することだけである。今回のように、うつぶせの状態で発見されたとしても、ご遺体を仰向けにして顔を確認することはできない。

Ｋさんのお兄さんに「うつぶせなので顔は確認できませんが、Ｋさんと思われるご遺体を発見しました」とお伝えした。

Ｋさんが遭難してから、すでに２ヶ月半が経っている。

お兄さんは、私たちの報告を聞いた時、しばらく言葉が出なかった。

私たちの通報を受け、午後には管轄警察の山岳救助隊が現場に到着し、その日のうちにご遺体は警察署まで移送された。後に司法解剖も行われ、本人確認も取れた。

どういった経緯でＫさんがミズヒ大滝の上の落ち口で亡くなったのかは、誰にも分からない。ただ、ミズヒ大滝を進むには、一般的には高巻きが必要とされる。

また、Ｋさんは沢登り用の、靴底がフェルト地の靴を履いていた。苔が生えた沢の中を移動するにはもってこいだが、滝を高巻きするため落ち葉や泥、木の根っこなどで滑りやすくなっていた尾根を登るのには向いていない。ここの尾根はかなり急だ。私の推測に過ぎないが、Kさんは尾根伝いに滝の上まで登り切った後、沢に戻ろうとし、その途中で足を滑らせて20メートルほど下の落ち口まで滑落してしまったのではないだろうか。こうした事故は、沢登りの最中の滑落では、最も多いケースでもある。

私たちが当初「Kさんは2日目に遭難したはずだ」と思い込んだ大きな原因には「テント内に下着が干されており」「ビールが2本、沢の水で冷やされていた」という状況があった。どうやらこれは、次の週末に来るまでずっと張りっぱなしにしているテントを、ほかの登山客から荒らされたり、いたずらをされたりするのを防ぐため、Kさんが仕掛けたカモフラージュだった可能性が高い。

Kさんの発見を待っていたかのように、数日後、この山域には初雪が降った。

第5章　目的の人だけが見つからない

早朝の電話

２０１９年６月15日土曜日の午前４時。電話が鳴った。

会員制の捜索ヘリサービス「ココヘリ」を提供しているオーセンティックジャパン株式会社の久我《くが》一総《かずふさ》社長からだった。

ココヘリに登録すると小さなキーホルダー型の会員証が貸与される。これが発信機となっており、遭難した場合に本人や家族からの通報を受けたら、専用の受信機を持った捜索隊がヘリコプターで上空から捜索を行い、遭難者の位置を特定するのだ。

久我社長によると、ココヘリ会員のご家族から昨晩通報が入ったのだが、現地の栃木県日光市足尾地域が天候不良でヘリを飛ばすことができない。地上から受信機を持って捜索に入ってもらえないか、という依頼だった。その日は雨。山には霧がかかり、視界が悪い。当然、ヘリを飛ばすことはできない。

登山に出かけた家族が帰らない。ご家族がその異変を感じるのは、だいたい帰宅予定日の夜だ。帰ってこない、電話もつながらない。安否を案じ、警察やココヘリといった機関に通報するのは深夜になってからが多い。ココヘリの場合は、そこから、登山者の登山計画書の確認やヘリコプターの手配などが始まる。そのため、夜明け前に私が捜索協力の連絡を受けるのも、珍しいことではない。

その週末、私たちは別の捜索活動を予定していたが、やはり雨天のため中止にしていた。その捜索は、遭難から日が経っているケースだった。

雨天の場合、視界不良の中では効果的な捜索は行えないため、中止することが多い。また、沢の増水など捜索隊員の安全への配慮も中止する理由のひとつだ。しかし、この日に連絡を受けた遭難は、発生が前日という緊急案件だ。生存の可能性も高い。けがをして動けず、今この瞬間も救助を待っているかもしれない。私たちでできることをやろう。地上隊が広範囲から受信できるアンテナを携行して稜線へ上がれば、発信機の電波をキャッチできるのではないか。

そう考え、すぐに隊員の山﨑康司さんに連絡をとった。

この日もともと捜索に入る予定だった山﨑さんは、山岳ガイドであると同時に、ココヘリ捜索オペレーターとして日頃からヘリコプターに搭乗していた。

捜索や機械の扱いに慣れている山﨑さんが視界の開けている稜線から受信機をかざせば、遭難者の位置を特定できる可能性が高まるだろう。山﨑さんは足尾地域の山にも精通している。

この日の午後から、私は久我社長たちとやりとりするため東京の自宅に残り、山﨑さんともう1名が地上捜索隊として現地に入ることになった。


遭難者のWさんは、50代の男性である。

栃木県日光市足尾町にある国民宿舎かじか荘から入山し、庚申山《こうしんざん》、鋸山《のこぎりやま》、そして日本百名山のひとつである皇海山《すかいさん》（標高2144メートル）に登る計画だった。復路はこのルートを戻ってくる予定になっている。往復するには全行程12時間以上はかかる、とても長い縦走で、途中には梯子《はしご》がかかっていたり、鋸の歯のような急な登りと下りを繰り返

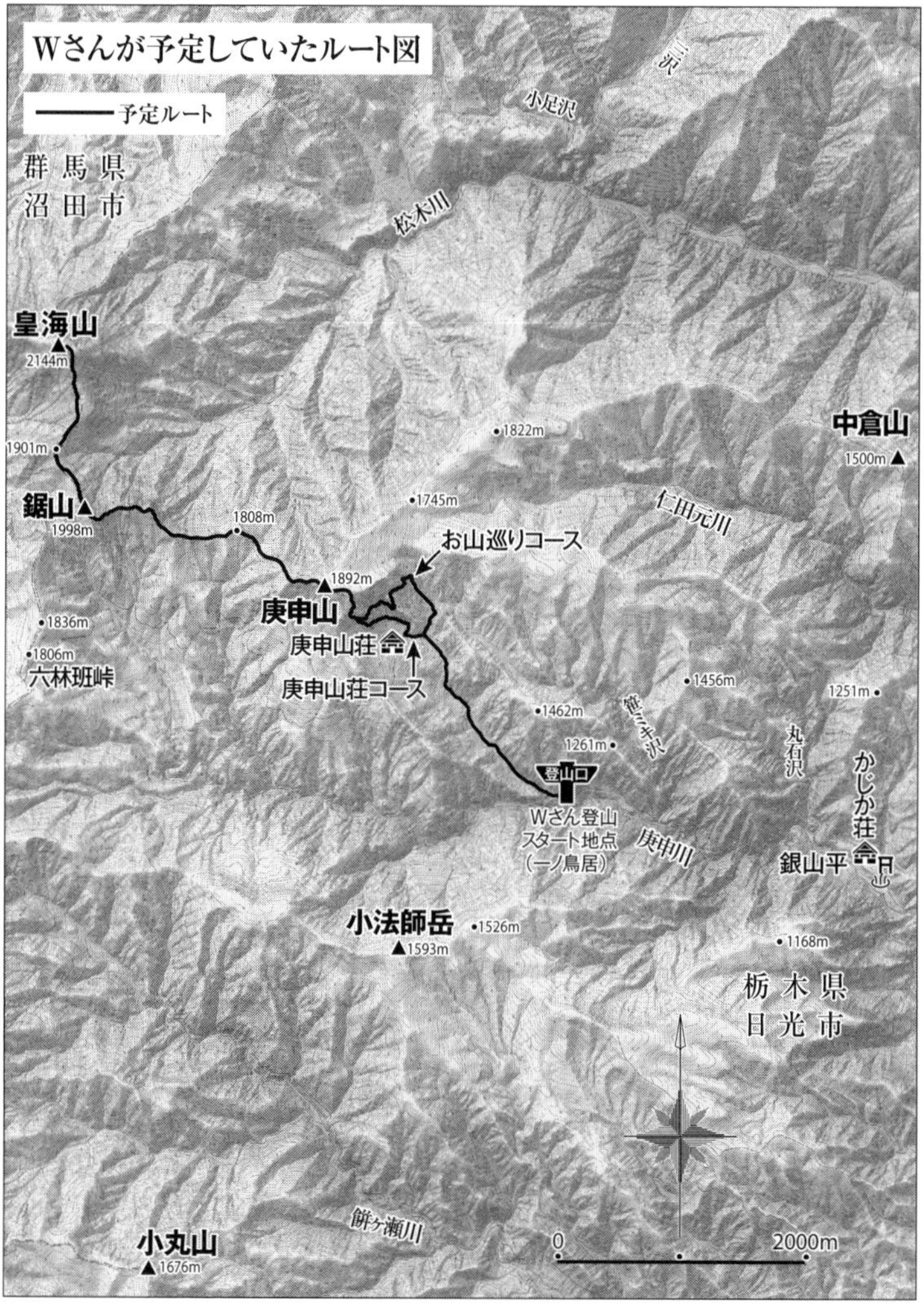
Wさんが予定していたルート図
予定ルート
群馬県
沼田市
二沢
小足沢
松木川
皇海山
2144m
1901m
鋸山
1998m
1808m
1822m
1745m
中倉山
1500m
仁田元川
お山巡りコース
1892m
庚申山
1836m
庚申山荘
1806m
六林班峠
庚申山荘コース
1456m
1251m
1462m
笹ミキ沢
1261m
丸石沢
登山口
かじか荘
Wさん登山
スタート地点
（一ノ鳥居）
庚申川
銀山平
小法師岳
1526m
1593m
1168m
栃木県
日光市
餅ヶ瀬川
小丸山
1676m
0
2000m

したりする危険箇所も多数存在している。

地上から受信機をかざすならば、鋸山の山頂が、標高も高く視界も開けていてベストだと考えた。

ただ、日光側から車で登山道まで行くには、市が管理する林道の通行許可を取得する必要があった。この日は土曜日。林道通行許可を申請し行政から許可をもらうのは難しい。また、日光側から鋸山山頂へ登るには一般的なコースでも3時間ほどかかる。

一方、群馬県沼田市栗原川林道は、通行許可を取らずに皇海山登山口まで車で行くことが可能だった（現在は通行不可）。また、登山口から皇海山の稜線までは2時間弱だ。そのため捜索隊は群馬県側から捜索に入った。

私はWさんの奥さんと電話で連絡をとり、自己紹介をしたうえで、捜索の流れを説明し、Wさん自身が山岳保険に入っているかどうか、など基本的な確認をした。遭難発生直後だったし、ココヘリの電波が受信できればWさんの位置は特定されると考えていた。

どうして電波をキャッチできないのか？

予想に反して、この日Wさんのココヘリ発信機の電波を受信することはできなかった。地上からの捜索だったからだろうか。翌日には天候も回復する見込みだ。ヘリを飛ばして上空から受信機を使えば、すぐに見つけることができるはず……。捜索隊員たちはずぶ濡れで、登山口にあたる皇海橋駐車場に戻り、翌日の捜索準備と野営の準備を始めた。

そこである違和感を山﨑さんが持ったという。

「あれ？　まだ下山してないのかな？」

出発前には数台の車が駐車場に停まっていたが、隊員たちは日没と同時くらいに下山したため、一般登山者の姿もなく車はもうない……と思いきや、1台の車が残されていることに気づいたのだ。その車はレンタカーで、車内には調理するためのガスボンベなど、登山用品がいくつか残されていた。

隊員たちがいる群馬県の栗原川林道から入山するのは、皇海山のみの日帰り登山を目的とする場合がほとんどだ。それなのに、こんな時間まで車が停まっているというのはおかしい。

違和感を覚えながら、この日、地上捜索隊の2人は登山口にテントを張り、一日の活動を終えた。

上空と地上からの捜索

翌朝、雨も上がり、梅雨の晴れ間となった。

私は朝から久我社長やWさんのご家族と連絡を取りつつ、日光へ向かった。

東京の自宅から日光の現地までは車でおよそ3時間半。

この日は天候が回復したため、ココヘリ受信機を搭載したヘリコプターによる捜索も準備しているとのことだった。地上捜索隊は昨日と同様、Wさんがたどったルートを群馬県側から日光の登山口へ向けて下りていくことにした。

隊員たちの車は群馬県側に置いておくので、日光側にたどり着いた後、彼らを群馬県側に送り届ける必要がある。そのため、私は下山側の日光に向かったのだ。

日光市足尾町にある登山口手前の駐車場でWさんの奥さん、娘さんと待ち合わせをした。娘さんはすでに成人していたが、家族仲も非常に良いのだろう、という印象を受けた。

この段階で、遭難から2日後。私は今日のヘリコプターか地上隊の捜索で、生存しているWさんの位置が特定されるだろうと考えていた。なにせ、地上隊はWさん自身が歩いているルートをたどっている。空中か地上かはともかく、ココヘリの受信機がWさんの発信機の電波に反応するはずだ。

栃木県と群馬県の境にあるこの山域は、携帯電話の電波が不安定で、山中にいる地上捜索隊とほとんど連絡を取ることができなかった。無線が通じるようになったのは、午後になってからである。Wさんの発信機からの反応はなしとの報告だった。

その時ちょうど、私たちの頭上にココヘリの受信機を搭載したヘリコプターが飛来した。

Wさんのご家族は、ヘリコプターの動きを見守っていた。晴れはしたが天候が不安定だったため、ヘリコプターでの捜索は限られた時間の中での活動となった。

上空からであれば、Wさんの発信機からの反応を捉えることができる。Wさんのご家族、地上捜索隊、その場にいた誰もがそう思っていた。

しかし、ヘリコプター捜索でも、Wさんのシグナルを捉えることはできなかった。

遭難者がココヘリ発信機を携行していた場合、ヘリコプターから捜索をかければ、ほぼ間違いなく、遭難者の位置を特定することが可能なはずだ。

それなのに、Wさんのシグナルを捉えられないのはなぜだろう。

考えられる原因はいくつかあった。

まずは、何かの理由で発信機が故障してしまった場合。沢などに落として水没してしまっているといった可能性もある。

もしくは、充電切れや、電源が入っていない場合。

過去にはそもそも家に発信機を置いてきてしまっていたというケースもあったが、Wさんの自宅に発信機は残されていなかった。今回はなんらかの原因で発信機の電源が入っていない状態になっているか、水没の可能性が高いと考えた。

捜索の仕切り直し

この段階で、捜索プランは全て見直しだ。Wさんのご家族とココヘリ久我社長と相談し、今後は地上捜索を中心にすることになった。

ここまでの2日間は、とにかく「どうやってWさんの発信機の電波を受信するか」をファーストミッションに動いてきた。それが、ここからは通常の捜索になる。つまり、プロファイリングをし、Wさんのルートを再度検討し、捜索場所の優先順位をつけ、その現場に入るために必要な装備の準備を始めなければならない。

遭難してから日も浅く、Wさんの生存可能性はかなり高い。それなのに、一度この現場を離れなければならないということに、非常に申し訳なさを感じた。しかもWさんの行程は、繰り返しになるが、とても長いものだった。正直、「どこから、どう探すべきか……」と捜索計画に頭を悩ませていた。

Wさんは日頃「山で遭難してもココヘリに入っているから大丈夫」とご家族に話していたという。奥さんと娘さんは気丈に振る舞っていたが、Wさんが戻らない現実に直面し、混乱されている様子がうかがえた。

ココヘリは会員が遭難した場合、無料で3回までヘリで捜索を行ってくれる(2023年1月1日時点では、捜索費用補塡額以内で4回目以降もヘリ捜索が可能となっている)。この日は天気の合間をぬってココヘリのヘリコプターによる捜索を一度行った。久我社長の「ヘリは契約的にまだ飛ばすことができるから、『ここだ』という時には、ヘリ捜索も考慮してください」という言葉が救いだった。

目撃情報を探す

私は、プロファイリングのため、奥さんと娘さんにWさんについて話を聞いた。性格は基本的には慎重だが、決断力があり、時折ダイナミックなところもあるそうだ。そうなると、登山の仕方も少し未知数なところがあるかな、と思ったが、頭脳明晰で理知的であり、元来の注意深い性格も考慮すれば、大きな道迷いをしてもそのまま先に進むことは考え難い。それより、どこかで足を踏み外して滑落している可能性が高いのでは、と考えた。また、非常に社交的で人と話をすることも好きとのことだった。それならば、登山中もすれ違った人と会話をしているかもしれない。目撃情報を得られないだろうか。

遭難が発生した日に同じ山を登っていた登山者から話を聞くことができれば、当時の天候や登山道の状態、さらに言えば目撃情報を得られる可能性もある。そう考えて、SNSや登山サイトに投稿されている記録もチェックし、Wさんと山で遭遇している可能性がある登山者を探した。

日光側から庚申山、鋸山、皇海山と縦走するこのロングルートは、休日であっても決して多くの登山者がいるわけではない。しかも、Wさんが登山したのは平日だ。

しかし、ＬｉＳＳの捜索隊が入山したルートで、群馬県側から皇海山だけを目指す登山者は多く、Wさんが登った日の登山記録が1件、登山サイトに投稿されていた。群馬県側から皇海山を目指した場合、登山口から皇海山山頂へ登り、登ってきた同じ道を下ることになる。途中で鋸山からの縦走ルートに合流するので、Wさんが皇海山までたどり着いていたなら、この登山記録を投稿した方とどこかですれ違っているかもしれない。Wさんのご家族から遭難の概要について他者に情報開示する了承を得て、この登山記録を投稿した方へサイトからダイレクトメッセージを送り、コンタクトを取ることにした。

このようにＬｉＳＳが携わる遭難捜索では、遭難者の計画を元にウェブ上で同じ日に同じルートを登った方を見つけ、話を聞くことがある。メッセージを受け取った側は急な連絡で驚くだろうし、見ず知らずの私からのコンタクトを怪しく思う可能性もある。そのため私は、最も読んでもらえる可能性が高いファーストコンタクトのメールに、遭難者の服装、遭難したであろう日付、何時に出発したか、山のどこであなたと接触した可能性が高いか、などを細かく記載する。

その上で「なにか情報をいただけたら、ありがたいです。『見かけていない、出会っていない』というものだとしても、私たちにとっては貴重な情報です。もし、情報提供いただけるようでしたら、管轄の警察署はこちらになるので、警察署でも、私たちにでも、どちらにでも構わないので、ご連絡いただければ幸いです」という風に書いて送る。

今回もありがたいことに返信をいただき、話をする機会をもらえた。ご夫婦で登山をしていたそうで揃って証言を得ることができた。おふたりはこの日、皇海山と隣接している鋸山にも登ったという。ルートは群馬県側の皇海山の登山口から地図でいえば皇海山と鋸山の中間あたりに出て、まず皇海山に登り、次に鋸山に登る。そして登山口に戻るというルートだった。皇海山を登り終えて鋸山へ向かう途中と鋸山から下って登山口に戻る途中の2回、Wさんとすれ違い、会話をしたそうだ。Wさんはとても疲れた様子で、「またあの道を戻らないといけない」と話していたという。

念のためWさんの写真も確認してもらうと「この方で間違いありません」「自分たちが登山中に話した方があの後、遭難していたなんて」と震える声で話していた。おふたりの証言を元に考えると、Wさんは目的としていた皇海山に登頂した後、復路の鋸山か庚申山を進んでいる間に事故に遭ったことになる。

生存者を発見

「またあの道を戻らないといけない」

その言葉からどれだけ険しい道のりだったのかが想像できる。

鋸山は名前の通り鋸の歯のようにギザギザとした細かい尾根と谷が幾重にも続いている。見通しの利かないこの谷を、ひとつひとつ丁寧に捜索しなければならない。現場に入る捜索隊員は3人。50メートルのロープを3本使い、稜線から150メートル下まで降り、ロープにつながれたまま周囲を確認し、登って戻る。そして次の谷を降りて……を繰り返す捜索を計画した。

捜索隊が山中を進むと、どこからかピーッと笛の音が聞こえてきた。

Wさんか！　隊員たちの間に緊張が走った。笛が鳴るたびにWさんの名前を呼び、その声に笛の音が返ってきた。

笛が鳴る方へ隊員が向かうと、泥のついた赤い雨具を着て、ひげをはやし、右目の下に傷を負って脚を引きずる登山者と出会った。

「よかった！　1週間前に皇海山へ登ろうと群馬側から入山したのだけど、途中で道に迷って滑落してしまい、けがをして動けなくなっていたんです」

1週間前？　よくよく話を聞くと、彼が遭難したのは6日前、Wさんが山に入ったのと同じ日だ。山の中にずっといて、日付感覚がズレていたのだろう。

「Wさんですか？」と尋ねると、違う登山者だった。

もしかしたら、あのレンタカーの方か、と隊員は直感したという。

捜索2日目、地上捜索隊が日光側へ下山してきて、予定通り私の車で群馬県側の登山口へと戻った時のこと。21時を過ぎ、真っ暗な皇海橋駐車場に着くと、山崎さんが口を開いた。

「やっぱり、このレンタカーおかしいよ、昨日もここに停まっていて、動いた形跡がないよ」

嫌な予感がする。Wさん以外にも、この山で遭難者が……？　私たちはレンタカーのナンバーを控え、不審車両として群馬県警察へ報告していたのである。

登山者は「1週間動かず、パンを小分けして食べて空腹を凌いでいました。この山域は平日、登山者も多くないから、休日になるのを見計らって動いてここまで来たんです」と安堵した様子で話したそうだ。実際はこの日は木曜日だったが、ヘリコプターが飛んでいるのを見つけ、「もしかしたら、自分を捜索してくれているか、他にも遭難した人がいて、救助隊が入っているのかもしれない」と思ったという。

この方が生存発見につながったのは、足の骨折と顔の擦り傷だけで、致命的なけがを負っていなかったからであろう。また、薄皮アンパンを多めに持参していたため、それで食いつなぐこともできた。遭難直後には雨にも見舞われたが、6月ということ、標高も1500〜1700メートル程度の場所にとどまっていたことから、低体温症に陥るほど体温が低下せずに済んだことも大きい。

山中での死因

山岳遭難の中でも、行方不明遭難における死因については公的な統計データがない。しかし、現場で目の当たりにするのは、外傷、もしくは低体温症が要因と思わせる状況がほとんどだ。

よく、「災害時の生死を分けるのは72時間」と言われる。この72時間（3日間）というのは、人命救助のタイムリミットを指し、一般的に被災後3日を過ぎると生存率が著しく低下すると言われている。１９９５年の阪神淡路大震災の生存率データと、人間が水を飲まずに過ごせる限界の日数を根拠としてそう説明されている。

ただし、行方不明遭難の場合は、一概に「72時間」が生死のリミットとは言えないと私は思う。状況によっては遭難後、数時間で死に至る場合もあるし、２週間後に無事に生存救出されたケースもある。

例えば道に迷った先で足を滑らせて数十メートル滑落し、その際に足首の骨を折って、動けなくなったとしよう。滑落した先が、運よく雨風を凌げる場所であれば救助が来るまでの数日を耐えられる可能性が高い。また、登山に出かける際には緊急避難用の道具を持っているだろう。ツェルト（緊急時などに使う簡易テント）１枚でも体温低下は防ぐことができる。逆に、落ちた場所で雨風にさらされたり、雪が降っているような状況では、低体温で数時間以内に命を奪われる。

人間の身体は、深部体温が35度を下回ると低体温症となる。深部体温とは、脳や心臓など生命を維持している臓器の温度を指し、それが下がるということは、身体の機能を保てないことを意味する。まず、心臓の動きが遅くなり、血液が身体全体に行き渡らなくなる。身体から熱が奪われ、寒さを感じながら意識が遠のく。それが、低体温症による死だ。特に、身体が雨などで濡れた状態のまま、風にさらされるといった状況が、最も低体温症を引き起こしやすい。今回、生存発見された方は、それらを免れたと言える。

とはいえ、1週間近くも、ひとり山の中でけがの痛みに耐えるなんて……。その不安と恐怖がどれほどだったのか、想像すらできない。ほどなくして管轄警察の山岳救助隊が地上から現場に到着、この方はヘリコプターで医療機関に搬送された。

もうひとつの遭難事故

私たちは再びWさんの捜索に戻った。発信機は水没している可能性が高いと考え、庚申山の中を流れる庚申川の捜索をすることになった。

Wさんの捜索を始めて17日が経った2019年7月2日、岸で横になっているご遺体を見つけた。狩猟をしていたと見られる服装だった。

実は、日光側から登山口へ向かう林道の入り口に、2月に猟をするために山に入り行方不明になった登山者の情報提供を求める看板が立てられていた。

猟のために山に入ったのならば保存食などもあまり持っていなかったはずだ。致命傷などもなかった。おそらく山中で道に迷い、沢までは降りられたが、その後、疲労で動けなくなったのかもしれない。

山で捜索が最も困難な場所

2名もの遭難者を発見したものの、夏から秋に季節が変わってもWさんだけがどうしても見つからない。

地上捜索は5ヶ月目に入り、捜索範囲もさらに広大になっていた。

庚申山と皇海山の間にある鋸山は、尾根の両側がほぼ崖だ。再びロープを持ち込み、稜線から150メートル下まで降り、周囲を確認、登って戻る。そして次の谷を降りて……を繰り返す。

登山中のWさんと話をしたご夫婦から聞いた「またあの道を戻らないといけない」という発言から、もしかしたら、往路で自分の設定したルートが想像よりもきついと判断したWさんが、帰りはルートを変更した可能性も考えた。

その場合、稜線を回避したルートを選ぶ可能性はないか？　しかし、このルートは背の高い笹藪の中を進むことになり、GPSを使わなければ、すぐに道に迷ってしまう。

山の中で最も捜索が難しいのは、笹や木々が密生した「藪」の中である。

たいがいの山の藪は、3メートルくらいの高さの竹や小さな木の枝などが密集しており視界が悪い。一度、迷い込んでしまうと方向感覚は簡単に失われる。さらに、足元には茎の太い植物が密集して生えている。足をひっかけないようにしたり、枝をよけたりかき分けたりして移動するため、体力の消耗も激しい。

捜索隊が藪に入る際には、GPSで自分たちがどこにいるのか、常に把握するようにする。それでも笛を吹いたり、時折「おーい」と声を掛け合って、音の聞こえる方角と音の大きさで互いの位置関係を確認し合わなければ、どこにメンバーがいるかすぐに分からなくなる。捜索隊が遭難者になるなどという事態だけは絶対に避けなければならないため、安全の確保に神経を使う。

これが岩場だったら、ドローンを飛ばすことで上の様子が見える。滝壺のようなところだったら水中カメラを入れればいい。しかし、藪では機械は全く役に立たない。だから、とにかく人間が入って歩いて探すしかない。捜索隊員も、遭難者と同じく、藪を進むには体力を使う。

実は遭難者の発見より先に遺留品が見つかることが多い。雨が降り、斜面や沢の中にあった遺留品が増水によって流され、最終的に捜索者の目が届く場所へ流れ着いた状態で見つかるのだ。その遺留品が見つかった場所から遡っていくと、遭難者にたどり着く。しかし、藪は植物が隙間なく生えているため、遺留品が流されることもない。ピンポイントで遭難者ご本人か、遺留品を見つけ出さなければならないため、藪での遭難者捜索は困難を極めるのだ。

植物が密生しているならば、遭難者が進んだ後は、植物が倒れているのでは、と思われるかもしれない。しかし、自然の力は強靱だ。遭難してから数日後、私たちが捜索に入るころには植物は再びまっすぐ伸びた状態に戻っていて、ヒントは残されていない。「この藪を全部刈りたい。それか、野焼きしたい……」。絶対にそんなことはしないが、そう考えてしまうのも事実だ。それほど、視界が狭く捜索の難易度が高いのが、藪なのである。

真っ赤になっていく地形図

Wさんのルートをさらに下ると、2人目の遭難者を見つけた庚申川にぶつかる。沢のどこかに降りた可能性も未だ捨てきれない。とにかく、可能性の残された沢地形をしらみつぶしに探していった。

捜索のために歩いた場所は、それぞれの捜索隊員が持つGPSの軌跡として、地形図に落とし込んでいく。そうすることで、まだ捜索していない場所を炙り出すのだ。

どんどん線で赤く塗りつぶされていく地形図を眺めながら、何か他に策はないか悩む日々が続いた。

考え得る場所は全て探したのに、どうして見つからないのだろう。

ご家族にも、「正直、ものすごく行き詰まっています」と伝えた。これは信頼関係を築くことができていたからこそ、吐露することができた本音でもある。Wさんの奥さんと娘さんも「こんなに広範囲を探してもらったのに、本当に、どこに行ってしまったんですかね……」と、冷静に受け止めてくれたように感じた。Wさんはもしもの時に備え、捜索費用も補塡される山岳保険に入っていた。ご家族が金銭面の心配をしなくて済むのが救いだった。

「次に何ができるか、考えさせてほしい」

と伝えた。

秋になり落葉したタイミングで空からの捜索はできないかと思い、ドローンを使って広範囲を捜索する計画を立て、落葉の時期を待った。

遭難者につながる痕跡

11月11日、Wさんと思われる白骨化したご遺体の一部が見つかったとご家族から連絡が入った。登山客を案内している最中の登山ガイドの方が発見したという。登山道のすぐそばに、普段は涸れているが大雨が降ると水が流れる通り道がある。そこに人骨らしきものの一部が流れ着いていたのを見つけてくれたのだ。

発見場所近くの山小屋から110番通報があり、警察の調べで、それが成人男性の大腿骨と分かった。骨の長さから身長が高い人物だと推測された。この山域で身長の高い男性の遭難者、という情報から、Wさんのご家族に「可能性が高い」と連絡が入ったそうだ。

山中に残されたご遺体と荷物を探すため、警察が再捜索に入ることになった。

ご家族も同行したいと希望したが、現場は非常に危ない。サポートのためにLiSS

に捜索参加の打診があり、警察からも許可が下りた。

捜索隊はご家族と共に、大腿骨が見つかった場所にまず赴いた。ここまで骨が流れ着いたということは、ご遺体はそこから上の箇所にあるのだろう、と見当をつける。その先は危険なので、Wさんの奥さんと娘さんは安全な場所で待機するようお願いをした。

復路の最後にあたる庚申山には登山ルートが2つある。

ひとつは、「お山巡りコース」、もうひとつは「庚申山荘」を経由するコースだ。

実はWさんは、この前年に「お山巡りコース」を歩いていた。ただ、最短で下山できるルートは「庚申山荘コース」になる。私たち捜索隊員は「疲労も溜まっていたであろうWさんは、遭難したとみられる復路では山荘を経由するルートを選ぶのではないだろうか」と推測していた。

しかし、大腿骨が見つかった地点から上に登ると「お山巡りコース」にぶつかる。Wさんがこのポイントにたどり着いたとき、すでに日は沈み、周囲は暗くなっていたと考えられる。ヘッドライトを携行していたとはいえ、「お山巡りコース」の周囲は木が生い茂り、足元には石がゴロゴロと転がっている。滑りやすく、とても歩きにくい。登山道の片側は100メートルほど下まで、まっすぐに切り立った絶壁である。

Wさんは前年に歩いていた経験を頼りに、こちらのルートを選んだのだろうか。その時の胸中は私たちには分からない。


ご家族に待機をお願いした地点から、ドローンを飛ばし、上の状況を動画で確認した。絶壁の途中に、赤いウインドブレーカーと、青いリュックが見えた。日が当たらないため薄暗い草木と岩の中で、人工的なその二色はとてもよく目立っていた。ストック、リュックのその先で、Wさんのご遺体が見つかった。


Wさんはやはり、足を滑らせ滑落したと見られる。場所は「お山巡りコース」に入ってすぐの箇所だ。落ちた先で、傾斜が少しなだらかになっている箇所で引っかかって、身体は止まったようだ。

Wさんのように、ご遺体の一部が雨や風で流されている場合、お身体をすべて見つけるのは難しいことの方が多い。

人間の身体は、構造的には骨と肉でつながっているが、お腹は肉がほとんどだ。時間

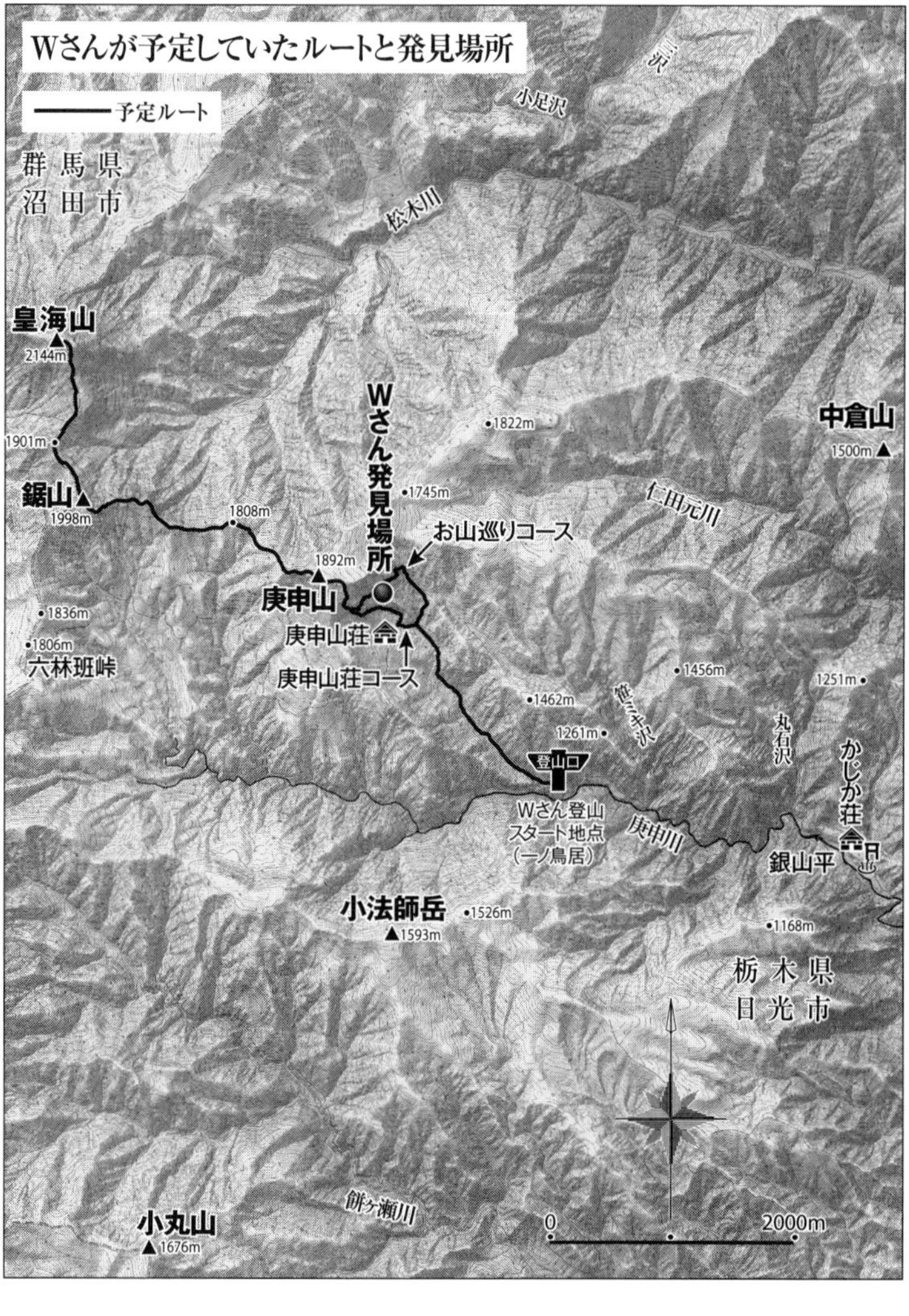
Wさんが予定していたルートと発見場所
予定ルート
群馬県
沼田市
三沢
小足沢
松木川
皇海山
2144m
1901m
鋸山
1998m
1808m
1892m
1745m
1822m
Wさん発見場所
お山巡りコース
庚申山
庚申山荘
庚申山荘コース
1836m
1806m
六林班峠
中倉山
1500m
仁田元川
1456m
1462m
1261m
笹ミキ沢
1251m
丸石沢
登山口
Wさん登山
スタート地点
（一ノ鳥居）
庚申川
かじか荘
銀山平
小法師岳
1526m
1593m
1168m
栃木県
日光市
餅ヶ瀬川
小丸山
1676m
0
2000m

の経過とともに白骨化すると、上半身と下半身を結び付けていた肉がなくなるため、それぞれ別の場所で見つかることが多い。しかし、Wさんの場合、発見現場の近くからほぼ全ての骨を見つけることができた。

大腿骨1本だけが登山道まで流れてきてくれたのは、Wさんが「この先にいるよ」と教えてくれたのだろう……と思えた。

Wさんの奥さんと娘さんは、Wさんと〝再会〟した後、こう口にした。

「お父さんが最後に行った場所を見られてよかった」

リュックの中には

警察がWさんのリュックサックの中を確認したところ、ココヘリの発信機が見つかった。

破損や水没の形跡はなく、電源が切れた状態になっていた。この当時、発信機は手動で電源スイッチのオンオフができる仕様となっており、スイッチがオフになっていたのである（なお、現在は常にオンの状態に固定されるように改良がなされた）。

リュックサックの中には、明らかにWさんのものではない飴の空袋などがたくさん入っていた。登山中に、山中に落ちていたゴミを拾いながら歩いていたのだろう。

Wさんの捜索中、遭難してから1週間近くを生き延びた人が救助され、行方不明のままであった遭難者のご遺体も発見することができた。

同じ山で遭難したふたりを家族の元に帰してから、自分は最後に家に帰ることを、Wさんは選んだのだろうか……。

責任感が強く、他人のため働くことに喜びを感じていたというWさんの人柄がしのばれた。

コラム　遺留品

山中に長期間あると衣類などは破けてしまうこともあるが、基本的に登山用具は形を残している。

遺留品が見つかると「本人が最後まで持っていたものだから」と安心するご家族もいれば、「山の道具を見るのが怖い。思い出すのもつらいから、荷物は返してほしくない」というご家族もいる。どちらの気持ちも、理解できる。

私は、捜索中にご本人の物と思われる登山用具を見つけた時、ご家族には細心の注意を払ったうえで連絡をするようにしている。山中でも電波が届く場所にいる場合は、「今、×××を山中で見つけました。一応、写真を撮っていますが、ご覧になりますか？」とメールなどで尋ねる。「見る」というご家族には、そのままお送りするし、「見たくない」といわれたら、それ以上は無理強いしない。

ご遺体の多くは数ヶ月で白骨化し、とても小さくなってしまう。それに対し、登山用具の大半は丈夫でほとんど壊れないし、色もカラフルだ。山の中でも目立ち、見つけやすい。私たちは依頼を受けた際の聞き取りで、「リュックのブランドは何ですか？　何色のものですか？」と聞く。リュックは登山用具の中でも、特に大きいものだからだ。特に青は、自然界に絶対にない色だ。リュックではなくても、キャップか上着か、どこかに青いものを身に着けてほしい。赤や黄色は紅葉や落ち葉と同化してしまうし、緑は新緑の時期、見えにくくなる。

遺留品が出てくると、ご家族の多くは「本当にこの山にいたんだ」と実感される。そこから「もうすぐ見つかるかも」と希望にもつながる。山に登るときには、万が一の場合に備え、目立つ色のものを身に着けていってほしい。それが早期発見に結びつき、時にはあなたの命を守ってくれるかもしれないからだ。

第6章　長いお別れ

残されていたサンドイッチ

日本百名山のひとつ、新潟県と群馬県の県境に位置する巻機山《まきはたやま》（標高1967メートル）。

春はトレッキング、夏は沢登り、秋は紅葉、冬はスキー……と、一年を通してレジャーを楽しめ、登山者に人気だ。

2017年8月6日日曜日、首都圏に住む60代男性のSさんは、ひとりでこの山を訪れた。

Sさんは、自宅から乗ってきた自家用車を登山口の駐車場に停めたまま行方不明となった。車内には、登山ルートを書いたメモと、サンドイッチが残されていた。
メモには、登山道の要所と、そこへの到着目標時間が書かれている。

天狗尾根コース　巻機山周回

桜坂　6：30
巻道分岐　7：00
ヌクビ沢分岐　8：00
天狗尾根取付　8：50
天狗の沢　10：00
割引岳《われめきだけ》　ワレノキ　10：50（※著者註、原文ママ）
井戸尾根コース分岐　11：20
牛ヶ岳　12：30
前巻機山　13：40
六合目　15：20

――五合目　16：30

17時には下山する日帰り登山の予定だったようだ。

Sさんは数年前に妻を亡くしており、4人の子供がいる。

翌月曜日の8月7日、Sさんが出勤してこないのを不審に思った会社の部下から家族に連絡が入った。

Sさんは「山に登ってくる」とは言っていたが、「どの山に登るのか」までは家族へ伝えていなかった。そのため、当初、Sさんの足取りは全く摑めていなかった。数週間前、雑談の中で、Sさんが「今度、新潟方面の山に登る」と話していたことを思い出し、家族は新潟県の警察へ連絡し、状況を説明した。しかし、新潟の山といってもたくさんある。新潟県の警察から現在居住している管轄警察へ捜索願を提出するよう言われ、従った。警察による捜索で、Sさんの所有する携帯電話の電波を最後にキャッチした基地局が判明、その基地局の受信範囲内にある登山口を調べたところ、巻機山の登山口となる桜坂駐車場で、Sさんの車が発見されたのだ。遭難した日から2日後のことだった。その後、公的機関と地元協力隊がヘリコプターによる上空からの捜索と地上隊による捜索を実施したが、発見には至らなかった。

捜索は、台風接近のため数日で打ち切られ、そこからひと月が経った9月中旬、「民間で捜索してくれる団体もある」という情報を得た長女のMさんから、当時、私が所属していた捜索団体の元に捜索依頼が入った。

巻機山の登山コースは井戸尾根を往復するのが一般的だが、Sさんは往路に沢沿いを歩くルートを選んだことが残されたメモから分かる。この山は豪雪地帯にあるため、Sさんが訪れた8月上旬であっても、通常、沢にはまだ雪が残っている。いわゆる「雪渓」となっていた。

雪渓とは、山岳地帯の谷や斜面に夏期でも局所的に残っている積雪のことをいい、スキー場のなだらかな傾斜のようになっている。特に、Sさんが登った2017年は例年に比べ積雪量が多く、大部分に雪渓が残されており、沢自体も数メートルの雪で覆われていた。

通常なら乗り越えることも困難な大きな岩も雪ですっぽり覆われ、むしろ歩きやすいようにも見える。しかし、その雪渓の内部は空洞と化しており、その下の沢には水が流れている。この時期の雪渓はとても不安定で、いつ崩落するか分からない。雪のどこかを踏み抜き、沢に落ちることも考えられる。そのため、沢ルートはとても危険度が高く、登山口にも注意喚起の看板が設置されている。雪渓のコンディションを見極めるのは熟練者であっても難しいのだ。

後に知ることになったが、Sさんは、足の土踏まず付近に歯がついた軽アイゼンを装着して入山していた。雪渓を登ることも想定はしていたのだろう。スキーも嗜《たしな》んでいたというが、軽アイゼンを装着するような登山をすることは、家族も知らなかった。

産後すぐの依頼者

依頼者Mさんは、この時、2人目の子供を出産後間もないとのことだった。

警察からは雪融けを待ってから再捜索を行うと説明されていたため、民間捜索隊へ依頼するまでに少し時間がかかったそうだ。暑い夏に雪が融けるのを待たなければならない。普通の生活を送っているだけならば遭遇しない事態だ。ご家族にとっては、「早く

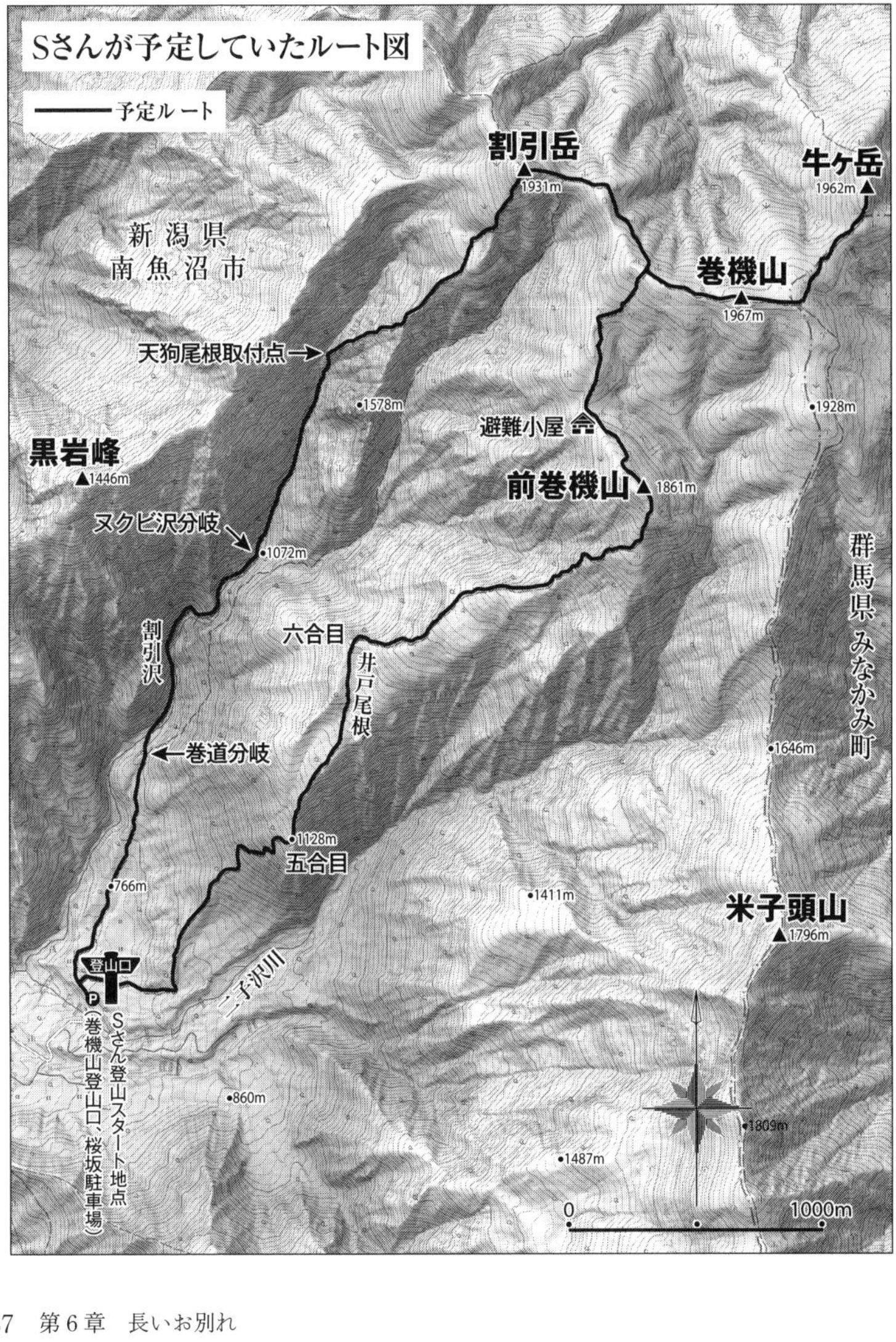
Sさんが予定していたルート図
予定ルート
割引岳
1931m
牛ヶ岳
1962m
新潟県
南魚沼市
巻機山
1967m
天狗尾根取付点
1578m
1928m
避難小屋
黒岩峰
1446m
前巻機山
1861m
ヌクビ沢分岐
1072m
群馬県
みなかみ町
割引沢
六合目
井戸尾根
巻道分岐
1646m
1128m
五合目
766m
1411m
米子頭山
1796m
登山口
P
Sさん登山スタート地点
（巻機山登山口、桜坂駐車場）
二子沢川
860m
1809m
1487m
0
1000m

見つけてあげたいのに、できない」という焦燥感と無力感が募る一方だっただろう。

産後、女性の身体は大きく変化する上、Mさんは精神的にもまだ不安定な時期のはずだ。私自身が出産を経験していたからこそ共感できることも多いと感じ、捜索隊長にMさんへの精神的なサポートを任せてほしいと申し出た。

最初にメールで「捜索隊員の中村です。お父さんのことを聞かせてもらえますか」と連絡をとるところからのスタートだった。

私はMさんからSさんとの思い出や、普段の様子などたくさんのお話を伺った。当初はメールでやりとりをしていたが、幼い子供がいてなかなか落ち着いて文章を打つ時間もないので、電話での情報交換が増え、ときには週に数回1時間ほど話すこともあった。

Mさんとの会話の中から、父親であるSさんの面影を想像できた。

ユーモアにあふれ、音楽好きで人懐っこい性格。ライブハウスでジャズバンドの演奏を聴けば、初対面にもかかわらず、すぐにバンドメンバーに声を掛けて写真を一緒に撮るような人だそうだ。

ただ、おっちょこちょいな面もあったという。車にサンドイッチが残されていたのも、持って降りるのを忘れてしまったのではないか、とMさんは話していた。

また、Sさんが巻機山に実際に登ったのは6日だが、前日の5日にも新潟に向かっていたことが、ETCカードの記録から判明している。末の娘さんによると「忘れ物をした」と自宅まで一度戻り、翌日に改めて登山に向かったそうだ。

こういった点から、旅行好きでフットワークが軽く行動力のある方だと考えた。逆に言えば、山や雪のコンディション、それに合わせた必要な装備についての下調べが足りなかったのかもしれない、とも思った。


何を着て山に登ったのか?


今回の依頼者であるMさんは、結婚して別世帯で生活していたため、Sさんの当日の服装や登山道具などの詳細な情報は把握していなかった。

何かひとつでも発見につながりそうな情報がないか、Mさんと様々な方向から探ることから始めた。

まずは自宅に残された登山用品を確認した。その上で、SさんがSNSに投稿していた過去の登山中の写真と比較し、家に残されていないものを洗い出した。Sさんが利用していたクレジットカードの明細書から遭難直前に利用していたアウトドアショップが判明し、購入履歴も出してもらった。Mさんは育児の合間に、父親につながる細く長い糸を手繰《たぐ》りよせていく。その結果、ズボンは購入履歴から品番まで判明し、登山靴も購入履歴とSさんのSNSに投稿されている写真から特定した。リュックは複数個自宅に残されていたが、これもSNSに載っていた写真と自宅にないものを照らし合わせ、特定することができた。また、誕生日に子供たちが贈ったシャツが自宅から見つからなかったことから、当日、上着として着用していたのかもしれないと考えた。

ひとつひとつを丁寧に確認し、当日のSさんの姿をここまで突き止めるのに、1～2ヶ月ほど掛かっている。

もろくなった雪の上

Sさんが計画していた沢ルートの捜索は、雪のない9月から11月初旬までのたった2ヶ月間しか実施することができない。

正直、私は「Sさんはすぐに見つかるのでは」と考えていた。

Sさんが登ったのは沢ルートだ。雪で覆い隠され、不安定な雪渓を進むうち、体重で雪が割れ、沢の中に落ちてしまったのではないか。そうであれば、予定していたルートを丁寧に見ていけば、どこかで見つけられる。探すべきポイントも目星をつけやすい。そう思っていた。

流れの速い沢に入り、一脚に装着した小型カメラを利用して、滝壺の中の様子や雪渓の中を撮影しチェックするという作業を続けた。このような捜索は、捜索隊員にとっても転落や雪渓の崩壊などの危険を伴う作業となり、とても注意を要する。Sさんが、登山道ではない方面へ迷い込んだ想定もした捜索活動は、時に夜遅くに下山することもあった。

雪が降る前に、見つけたい。そう思い捜索を続けたが、何の手がかりもなかった。

Sさんに、何が起きたのだろう？　メモに残したルートとは、全く違う道を行ってしまったのだろうか……。

疑問は増えるばかりだった。仕事で深刻な悩みを抱えることなどなかったし、何より娘のMさんのところに孫が産まれたばかり。「最近の父の写真です」と見せてもらったのは、孫を胸に抱く優しい祖父の笑顔だった。

巻機山に向かったのは、写真撮影から間もない1ヶ月ほど後のことだ。登山中に何かトラブルがあったに違いないと考えた。

11月上旬、巻機山は雪で覆われた。この年の捜索は打ち切りとなった。

時間の経過と家族

捜索ができない間、家族は無力感を抱いたまま時が経つのを待つしかない。帰らぬ人を待つのは、ただでさえ苦しく、生死がはっきりしないことへの不安感や絶望感を抱く。Mさんの弟や妹からは「もう来年は探さなくてもいいのではないか」という意見も出ていたようだ。

「捜索隊をこれ以上危険な目に遭わせたくない」「もう探さなくていいと本人は言ってるはずだ」「好きな山登りに出かけて事故に遭ったのだから……」

彼らの考えを否定することはできない。Sさんが見つかる、そのことをご家族の誰もが望んでいるのは間違いない。ただその一方で、ご家族は「父が帰ってこない」という現実を受け止めなければならない。それぞれが自分の中で納得できるSさんとの別れの理由を見つけようと葛藤していたのだと思う。

捜索を何年にもわたって続ければ、ご家族にとっても長期的に大きな心労と金銭的負担がかかってくる。

Sさんは残念ながら山岳保険に入っていなかったため、大々的な捜索はご家族の経済的負担が大きい。それに、Sさんは会社の経営に携わっていたため、そこへの影響の心配もあった。残されたご家族が生活を続けていくためには、捜索を打ち切るというのも大切な判断のひとつなのだ。


捜索に出ない11月以降も、私とMさんの電話でのやりとりは続いた。Sさんのことはもちろん、子供の話、日常の話など、たわいもないことも話せるようになっていた。新宿で一度食事もした。Mさんにとって私は、父親について思うことを率直に打ち明けられる相手でもあったのかもしれない。

危難失踪認定

Sさんが行方不明となってから1年後の2018年には、私が立ち上げたLiSSが

Sさんの件を引き継ぎ、夏も捜索は続けられたが、Sさんにつながる手がかりは見つからなかった。そんな中、Mさんより「危難失踪の申し立て」手続きを行いたいという相談を受けた。

日本の法律には2つの失踪が存在する。ひとつは、行方不明者の生死が7年間明らかにならなかった場合。これを「普通失踪」と言う。

もうひとつは、船の沈没や震災など、死亡につながる「危難」に遭遇し、その生死が1年間明らかにならなかった場合で、これを「危難失踪」と言う。

山岳行方不明遭難は「何も起きていない山に入った人が、なにがしかの理由で行方不明になった」という状況であり、また、Sさんのように、どうして行方不明になったのか、正確に説明することができないケースばかりだ。そのため、危難失踪が認められるためのハードルは高く、山岳遭難者の家族は行方不明から7年経った後に、普通失踪の申し立てを家庭裁判所にし、失踪宣告の審判を受けるのが大半だ。宣告を受けて家族が役所に「失踪届」を提出すると、行方不明者の死亡が認められる。

しかし、Sさんの場合、企業の経営に携わっていたこともあり、行方不明のままでは経営に支障が出ていた。そのため、7年を待たず行方不明から1年で申し立てができる

「危難失踪」の認定を目指したいとのことだった。

私自身、Mさんから聞くまで、「危難失踪」の存在すら知らなかった。

Mさんが申し立てのために頼った弁護士の方も山岳遭難に関する事案を初めて手掛けるとのことで、全てが手探りでのスタートだった。弁護士の方は「2011年に起きた東日本大震災や、2016年の熊本地震のような、誰もが知っている大災害ならば裁判官も認めやすいが、今回はそれに当たらない。『借金があって逃げたのでは？』『自殺するために入山したのでは？』と疑われることさえある。そのため、Sさんはこの山で起きうる危難に巻き込まれたということを証明したい」と話されていた。また「失踪の申請が認められるということは、法律的にひとりの人間の死亡を確定させるということでもあります。人生に終止符を打つという重い意味を持った行為であるということも、頭に入れておいてください」とも言われた。私は捜索を担った立場から、Sさんがたどったと思われる沢ルートにはどういった危険性があるか、意見書にまとめた。

申し立ての準備が整うまでに3ヶ月ほど掛かり、家庭裁判所に提出後、失踪が認められるのを待った。

そして、2019年8月下旬、「父親の危難失踪が無事認められた」という連絡をMさんから電話で受けた。

Mさんが「ここからまたスタートです」と言っていたのを、よく覚えている。

Sさん以前に山岳遭難で危難失踪が認められたケースは、私が知る限り1件しかない。Sさんが2例目となったことで、今後、もし遭難者の発見に至らなかったとしても、家族が日常を取り戻す手立てを確立する第一歩になりえると思った。Sさんの遭難は決して起きてほしいことではなかった。だが、今回の申し立て認定が、多くのことを変えてくれるはずだという気持ちも抱いた。

2日後の奇跡

Sさんの失踪が認定されたことを知った2日後。私は再びMさんから電話を受ける。

「父の物と思われる登山用のリュックや車のキー、衣類の一部が見つかったようなんです」

思わず私は、

「えっ？」

と言ってしまった。危難失踪が認められたこのタイミングで手がかりが出たことへの驚きとともに、困惑も感じた。

巻機山の登山ルートの序盤にあたる割引沢《われめきざわ》に水遊びに訪れた親子連れが、「リュックや車のキー、登山靴や衣類が沢の近くに落ちている」と、警察に通報してくれたという。キーの車種がSさんのものと一致したため、警察はSさんの遺留品と判断し、捜索願を出していたMさんに知らせた。警察からは「お父さんの持ち物かもしれないものが割引沢にあるようだ」と言われたそうだ。しかし、Sさんのご遺体は見つかってはいないとのことだった。

その知らせを受けたMさんから、すぐに私たちに他の遺留品も含め再捜索についての相談があった。

他の章でも書いたが、私たち民間捜索隊は現場で遺留品を発見しても、遭難者の所持品かどうか確認したり、それを持ち帰ってくるなど、遺留物に触れることは本来は認められていない。

そこで、まずMさんから管轄警察に「LiSSに再捜索を依頼したい、もし遺留品などを見つけた場合の対応について指示を仰ぎたい」と伝えてもらった上で、私は警察にこう電話をした。

「Sさんのご遺体を捜索するために、現地に向かいます。おそらく遺留品を目にすると思いますが、遺留品についての対応は、どのようにしたら良いでしょうか」

今回の遺留品は、沢の中にある。流されては困るため、現場の写真を撮影し、緯度・経度情報を控えた上で、特別に回収してきてよいと管轄警察より許可が下りた。

絶対にSさんを見つけ出す。

そんな気持ちで、現場へ赴いた。

山の中で答え合わせ

親子連れがSさんの遺留品を見つけた場所は、私たちが何度も何度も捜索のために歩いた沢だった。登山口から1時間もかからない場所だ。

現場で私たちがまず見つけたのは、登山用ズボンだった。水が涸れた沢の中の、枯れ木が集まって鳥の巣のようになっている中に引っかかっていた。登山用の布製品はやはり丈夫で、山の中で長期間、雨風にあたっていたにもかかわらず、色褪せや破れもほとんどない状態だった。

見つけた瞬間、「ああ、本当にこのズボンを穿いて登っていたんだ……」「Mさん、間違っていなかったよ」と心の中で呟いた。Mさんと私たちは、購入履歴から、Sさんがこのズボンを登山前日に買っていたことを知っている。家や車にも残されていなかったため「おそらく、このズボンを穿いて山に登ったのでは」と推測していた。2年間、写真やMさんの証言を基に追っていたSさんの面影と答え合わせをするような気持ちになった。「この先に、絶対Sさんはいる！」と確信を得た瞬間でもあった。

その後、リュックと軽アイゼンも見つけた。どちらも、沢の中に転がる岩と岩の間に引っかかっていた。おそらく、水の流れに乗ってここまでたどり着き、それぞれ引っかかったのだろうと推測する。

ついに見つけたご遺体

普通、Sさんのように遭難から数年経ったご遺体は、白骨で見つかることがほとんどだ。雪深い巻機山に雪がないのは、8月の中旬から11月初旬までの2ヶ月余り。私たちが今回捜索に入ったのは8月下旬だった。

散らばっていた遺留品をひとつひとつ確認しながら、私たちはSさんのご遺体を探した。

沢に生えていた草をかき分けたところに、指の第一関節から第二関節部分に当たると思われる、とても小さな部位を見つけた。

この小さな部位を見つけた時、「ああ、きっとSさんだ!」と思った。一方で、「指だけでは、本当にSさんが亡くなったとは認めてもらえないかもしれない」と思ったのも事実だ。他にもご遺体の一部を見つけられないか。そう考えながら、歩みを進めた。

さらに先に進むと、斜面が崩れ、木の枝や土が一面に広がっている箇所があった。ここも、この2年間、何度も通った沢だが、土砂崩れが起きたのだろうか、驚くほど地形が変わってしまった。

流出した土砂と一緒に、枯れた大木が沢に流れ着いていた。

巻機山のような豪雪地では、ご遺体が何らかの理由で腐敗菌が繁殖しない条件下にあり、雪によって外気と長期間遮断されたために腐敗を免れ、体内の脂肪が変性し蠟のようになることがある。これを屍蠟化という。

発見場所となった沢。土砂が崩れているのが分かる

大木の中から、Sさんは、まさに屍蠟化した状態で発見された。まるで、大木に守られているかのように横たわっていた。

この現場のように土砂崩れが起きた場合は、その中にご遺体が埋まってしまい、見つからなくなることの方が多い。土砂崩れが起きたおかげでご遺体を見つけることができたのは、奇跡のようだった。

警察から遺留品の回収は許可されていたが、ご遺体はそうではない。GPSでご遺体を見つけた位置の情報を記録し、近くの木に目印になるようにリボンも結んだ。

2年もの間、見つけられなかったことへの申し訳なさと、やっとご家族のもとへ帰ってもらえる安堵感で、涙が溢れ出た。Sさんが見つかったその日、そこには巻機山の短い夏を謳歌するかのように、一面にニッコウキスゲが咲いていた。

下山後、私はMさんにSさんの遺留品が見つかったこと、ご遺体も見つかったことを電話で報告した。Mさんは現実とは思えなかったのか、少し呆然としていた。

私は、Sさんが最後に見たであろう景色と、その地に咲いていたニッコウキスゲの写

予定ルート
割引岳
1931m
牛ヶ岳
1962m
新潟県
南魚沼市
巻機山
1967m
天狗尾根取付点
1578m
1928m
避難小屋
黒岩峰
1446m
前巻機山
1861m
ヌクビ沢分岐
1072m
群馬県 みなかみ町
六合目
割引沢
井戸尾根
Sさん発見場所
巻道分岐
1646m
1128m
五合目
766m
1411m
米子頭山
1796m
登山口
P
二子沢川
Sさん登山スタート地点
（巻機山登山口、桜坂駐車場）
860m
1809m
1487m
0
1000m
Sさんが予定していたルートと発見場所

真を送った。

私たちの報告を受け、翌日、警察が現場に赴き、Sさんのご遺体を収容した。状況から推測するに、Sさんはおそらく沢に沿って山中を進んでいた。当時、雪はまだ3～5メートルの高さまで積もっていたはずだ。その上を歩いていたが、どこかで雪が割れ、足を踏み外し、転落してしまったのだろう。そのまま、そこでSさんは雪に埋もれてしまったのだろうか。そして雪が融け、さらに斜面が崩れたことで、沢まで荷物やご遺体が出てきたのかもしれない。

司法解剖やDNA鑑定を終え、Sさんがご家族のもとに帰ったのは、2019年の年末だった。

父の足跡を

年が明けて2020年、Sさんが行方不明になってから数えると3年後の夏、私はMさん、Mさんの旦那さんや子供たち、そして妹さんと共に巻機山を訪れた。Sさんの遭難当時、産まれたばかりだったMさんの子供は、もう元気いっぱいな3歳児だ。

Mさんたちは、「今日は、みんなで楽しく登りたいね」と言っていた。

実はこの日、Mさんは初めて巻機山を訪れたのだった。

私は「お父さんは、この道を歩いたはずだよ」「この辺りで、リュックが見つかりました」などと伝えながら、Sさんが見つかった場所まで案内した。そして、お線香を手向け、皆で手を合わせた。

Mさんの子供たちは「お家へ持って帰る」と袋いっぱいにどんぐりを拾い集めたり、楽しく水遊びをしたりしていた。そんなMさんのご家族や孫の元気な姿を、Sさんは微笑みながらそっと見守ってくれているような気がした。

謝辞

経験されたことを本書に記述する許可をくださったご家族の皆さまに厚くお礼を申し上げます。捜索活動にお力添えをいただいた地元の協力者の皆さま、捜索活動に参加してくれた隊員にも、改めて感謝申し上げます。そしていつも私を支えてくれる家族の皆、どうもありがとう。

地図作成　ジェイ・マップ
写真　著者提供

本書のご感想をぜひお寄せ下さい

中村富士美（なかむらふじみ）
1978年、東京生まれ。山岳行方不明遭難者捜索活動および行方不明者家族のサポートを行う民間の山岳遭難捜索チームLiSS代表。DiMM国際山岳看護師、(一社) WMAJ（ウィルダネスメディカルアソシエイツジャパン）野外災害救急法医療アドバイザー、青梅市立総合病院外来看護師。遭難事故の行方不明者について、丁寧な聞き取りをしながら、家族に寄り添った捜索活動を行っている。また遭難捜索や野外救急法についての講演などの情報発信もしている。

「おかえり」と言《い》える、その日《ひ》まで
山岳遭難捜索《さんがくそうなんそうさく》の現場《げんば》から

発　行　2023年4月15日

著　者　中村《なかむら》富《ふ》士《じ》美《み》

発行者　佐藤隆信
発行所　株式会社新潮社
〒162-8711　東京都新宿区矢来町71
電話　編集部　03-3266-5611
　　　読者係　03-3266-5111
https://www.shinchosha.co.jp

装　幀　新潮社装幀室
組　版　新潮社デジタル編集支援室
印刷所　株式会社光邦
製本所　株式会社大進堂

ISBN 978-4-10-355011-2 C0095